Carsten Bothe

Das große Dutch-Oven-Buch

HEEL

IMPRESSUM

HEEL Verlag GmbH
Gut Pottscheidt
53639 Königswinter
Tel.: 02223 9230-0
Fax: 02223 9230-13
info@heel-verlag.de
www.heel-verlag.de

4. Auflage 2019

Autor: Carsten Bothe
Satz und Gestaltung: gb-s Mediendesign, Königswinter
Coverdesign: Axel Mertens, Königswinter
Lektorat: Helge Wittkopp

Fotos: Philipp Hymendahl, www.hympendahl.de
Fotoassistenz und Bildbearbeitung: Daniel Koke
Mit Ausnahme von:
© Fotolia.de: M.studio (S. 127), fahrwasser (S. 149)
Archiv Lodge (© 2016 Lodge Manufacturing Company): S. 11, 19
© Thomas Schultze, www.thomas-schultze.de: S. 161

Printed in Slovakia

ISBN 978-3-95843-365-6

CARSTEN BOTHE

DAS GROSSE DUTCH OVEN BUCH

HEEL

INHALT

VORWORT

Das Kochen mit einem Dutch Oven kann eine einfache, urtümliche, fast archaisch zu nennende Sache sein. Man kann aber auch modernste Technik verwenden, mit einem Funkthermometer die Garraum- und Kerntemperatur überwachen und mit Grillkohlebriketts aus philippinischen Kokosnuss-Schalen heizen. Das geht, sicher. Da ist der Schritt zum Kombidämpfer aber nicht mehr weit, der dann immer die gleichen Ergebnisse bringt. Einfach das Fleisch einschieben und mit dem Temperaturfühler versehen. Nach der richtigen Garzeit und Kerntemperatur schaltet das Gerät auf „halten" und das Gericht bleibt frisch und verzehrfähig. Das geht auch.

Wie viel schöner ist es da, wenn man an einer Hütte im Wald sitzt und vom Jäger etwas Wildbret bekommen hat. Schnell ein paar Freunde einladen und ein Festmahl im Freien organisieren.

Das Fleisch zart und saftig, die Sauce ein Gedicht, eiskaltes Bier aus der Viehtränke, dazu frisches Brot vom Dorfbäcker, hinterher ein Schnaps, von dessen Entstehung keiner etwas wissen darf, und ein Kumpel, der Gitarre spielen kann. Kein Mensch vermisst dabei die App für das Mobiltelefon, mit der man die Anzahl der Kohlen für den Dutch Oven berechnet. Das Lagerfeuer brennt, man sitzt mit guten Freunden daneben und schaufelt ab und zu ein paar Kohlen auf den Topf, dreht ihn vor dem Feuer und freut sich des Lebens, erzählt Geschichten und singt Lieder. So funktioniert eigentlich der Dutch Oven. Dann später, wenn er leergegessen ist, die Lieder verklungen sind und der Koch noch einmal über das sterbende Feuer in den Himmel schaut, dann sieht man nicht nur das Himmelszelt, sondern spürt, für was Kochen mit dem Dutch Oven steht: draußen zu Hause sein.

In diesem Sinne: Immer eine Handbreit Glut unter dem Topf!

Herzlichst, Ihr

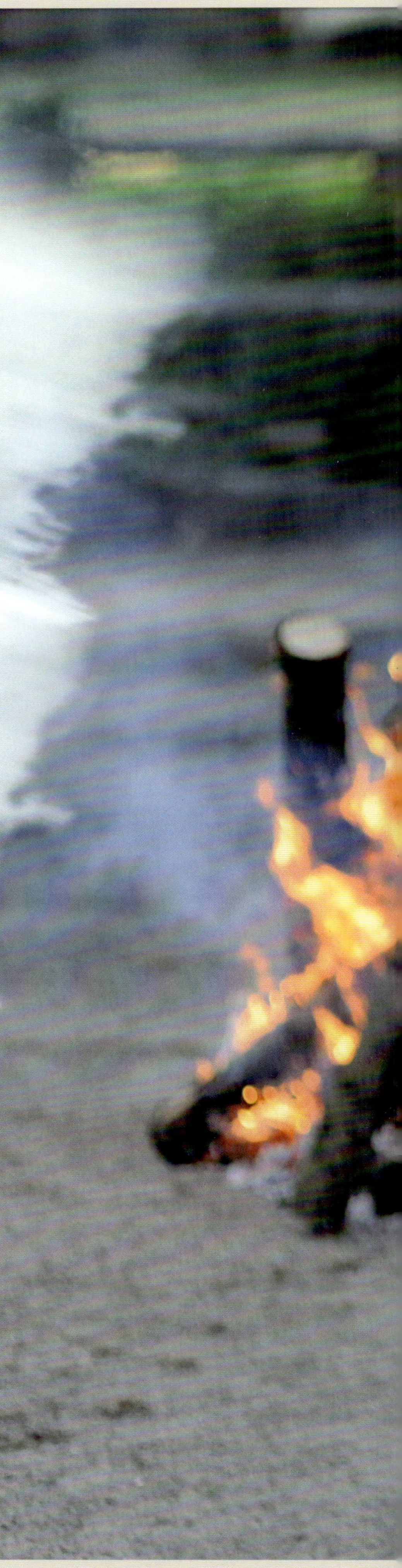

Geschichte des Dutch Oven

Die Geschichte des Dutch Oven ist nicht schnell erzählt, denn diese gusseisernen Töpfe gibt es schon lange, mindestens seit dem Mittelalter, damals allerdings aus Messing oder Bronze, denn Eisen kann man erst seit etwa 1800 gießen. Seit über hundert Jahren spielt bei der Produktion die amerikanische Firma Lodge eine wichtige Rolle. Seit 1896 sind die Dutch Oven mit und ohne Füße fest im Programm der Gießerei aus Tennessee. In den 1960er Jahren ging die Produktion zurück, weil die Menschen einerseits neue Materialien bei Töpfen bevorzugten und andererseits nicht mehr so viel in der Natur unterwegs waren. Der Fernseher war auf dem Siegeszug und bereits 1955 hatte etwa die Hälfte aller US-Haushalte mindestens ein Schwarzweiß-Gerät. Neuerdings brachte der Gedanke der Entschleunigung und der Wert gesunden Essens, aber auch Outdoor-Aktivitäten wie Barbecue oder Bushcraft das Gusseisen wieder ins Bewusstsein der Menschen.

Im Jahr 2000 kam der erste kommerziell gehandelte Dutch Oven nach Deutschland, natürlich von der Firma Lodge. Bereits die Vorgeschichte ist erzählenswert: Durch meine Fachzeitschrift für Büchsenmacher und Waffenhändler habe ich einmal im Jahr die Ambiente, eine Fachmesse in Frankfurt, besucht. Denn dort stellten meine Werbekunden aus Solingen ihre Messer aus. In derselben Halle war auch ein amerikanischer Gemeinschaftsstand und dort saß Bob Kellerman, Chef von Lodge und Urenkel des Gründers, und hatte zwei Stunden vor Ende der gesamten Messezeit nicht ein Kundengespräch geführt. Aus dem Augenwinkel hatte ich einen 10" Dutch Oven gesehen und ihn sogleich darauf angesprochen. Wir waren uns sofort sympathisch und handelseinig und ich bekam das Muster gleich mit nach Hause. Nach einigen Wochen kam die erste Palette mit Dutch Oven in Braunschweig an. Stetig und ständig wuchs das Angebot in Deutschland und irgendwann fragten die Kunden nach Rezepten. So kam es dann, dass das erste Dutch-Oven-Kochbuch in deutscher Sprache 2002 auf den Markt kam. Richtig weite Verbreitung fand das Buch erst mit der wachsenden BBQ-Szene und durch die Tatsache, dass sich der Heel Verlag dieses Buches für eine Neuauflage in Farbe angenommen hat.

Inzwischen hatte Lodge auf dem Weltmarkt einen dermaßen großen Sprung nach vorne gemacht, dass die Kapazitäten der Gießerei bei Weitem nicht ausreichten, so mussten die selten verlangten Größen eingestellt werden. Statt der bisher angebotenen neun Größen gibt es nur noch vier und auch die nur sporadisch. Lodge erzielt seine Haupteinnahmen durch den Verkauf von Pfannen. Durch die Form und Größe eines Dutch Ovens belegt dieser bei der Produktion den Platz von zwei Pfannen und der Deckel nimmt noch einmal den Platz von einer Pfanne weg. So können statt eines Dutch Ovens gleich drei Pfannen produziert werden.

Schon zu Beginn des Importes war mir klar, dass sich bald andere Importeure auf das Thema stürzen werden und im besten Fall schlechte Plagiate aus Asien auf den deutschen Markt werfen würden, im schlimmsten Fall gute Ware oder sogar Lodge zu Schleuderpreisen. Die Prognose ist inzwischen Realität geworden und es gibt die verschiedensten Anbieter, bei denen die Dutch Oven aber eher im Kielwasser der Grills mitschwimmen. Bei der Qualität reichen sie von unterirdisch bis Weltklasse, teilweise klassisch, teilweise hightech. Auch beim Zubehör hat sich einiges getan. War der Deckelheber früher recht einfach konstruiert, gibt es jetzt sehr ausgefeilte Modelle, auf die man einen Grillrost stecken kann und dann schon fast einen Grill ersparen. Eigentlich kommt kein richtiger Griller mehr ohne Dutch Oven aus und somit stehen die Töpfe auch in jedem Baumarkt oder Landhandel.

Ein Großteil zur Beliebtheit hat sicherlich auch die Erfindung der Grillbriketts beigetragen. So lassen sich die Töpfe recht genau steuern und heizen. Außerdem steht das Heizmaterial bereits nach einer halben Stunde im Anzündkamin zur Verfügung und nicht erst, nachdem man eine Schubkarre voller Holz in zwei Stunden abgebrannt hat.

Gut zu wissen:

Bei alten Dutch Oven aus Museen fallen die sehr kurzen Beine sofort ins Auge. Das hat aber nichts damit zu tun, dass früher die Beine kürzer gefertigt wurden, sondern dass diese Töpfe jahrzehntelang auf den Steinböden der Herdstellen benutzt wurden und schlicht und einfach abgeschliffen sind.

In der Gießerei bei Lodge

EL FUEGO
LODGE

KAUFBERATUNG UND PFLEGE

Welcher Topf für den Anfang?

Für den Einsteiger sollte der erste Topf nicht zu klein sein, denn auch, wenn man sich zunächst nur selbst bekochen möchte, so ist ein 8" doch einfach zu klein, um vernünftig zu backen oder einen Braten zuzubereiten. Aus der Erfahrung heraus kann ich sagen, dass von 100 verkauften Dutch Oven mindestens 90 Stück die tiefe Ausführung eines 12" Topfes sind, der Rest verteilt sich auf die anderen Größen. Dieses Modell fasst knapp 8 Liter Inhalt. Ein Liter Topfinhalt ist gut für eine Person, über alle Arten von Gerichten gerechnet. Bei Suppen braucht man pro Person – nach einer Wanderung – 700 bis 800 ml Erbsensuppe. Beim Huhn mit Gemüse wird der Topf für drei Personen gerade so reichen. Sollten Gäste kommen, und jeder soll etwas Köstliches aus dem schwarzen Pott bekommen, dann bereiten Sie im Dutch Oven eine Beilage wie scharfe Cowboy-Bohnen zu und grillen Sie das Fleisch ganz archaisch auf dem Lagerfeuer.

In Deutschland sind die tiefen Formen beliebter als die flachen, da hier üblicherweise mehr Eintöpfe gekocht werden. In den USA hingegen wurde der Topf traditionell zum Backen verwendet. Flache Töpfe sind, besonders bei den großen Größen, nicht zum Kochen von Eintöpfen geeignet, da diese beim Herumtragen gerne überschwappen oder sogar komplett umkippen können, wodurch der Inhalt verschüttet wird.

Dutch Oven gibt es inzwischen in so vielen unterschiedlichen Modellen und in den verschiedensten Preisklassen, sodass man bei Angeboten schon für um die 20 Euro einen mittleren Topf erstehen kann. Da ist es nicht sinnvoll, sich einen Dutch Oven selbst zu bauen, indem man einen Topf aus der Küche nimmt, sich ein Gestell für die fehlenden Füße baut und dann auch noch einen Ring für den Deckel, damit die Kohlen nicht herunterfallen. Die Zutaten für einmal Schichtfleisch kosten dann ja bald mehr als der Topf. Trotzdem kann man einem Anfänger nur raten, sich nicht an dem unteren Ende der Preisspanne zu orientieren. Ein Topf, der erst noch umfangreich nachgearbeitet werden muss oder bei dem sich der Henkel nicht aufstellen lässt, ist sein Geld einfach nicht wert. Wie heißt es so schön: Wer billig kauft, kauft doppelt. Nebenbei sei gesagt, dass man aus einem Dutch Oven nur selten alleine isst, sondern ihn meist dann anheizt, wenn Gäste kommen. Dann sollte schon alles klappen und nicht etwa an schlechter Ausrüstung scheitern.

Die verschiedenen Zahlen auf den Deckeln

Bei den verschiedenen Marken und Herstellern haben sich unterschiedliche Zahlen auf den Deckeln zur Bezeichnung der Größen durchgesetzt. Fangen wir mit der ältesten Firma an: Lodge bezeichnet die Töpfe mit einer gerundeten Zoll-Angabe. Ein Zoll sind rund 2,5 cm, somit hat ein Dutch Oven mit 10" gerundet einen Durchmesser von 25 cm. Ein Lodge 12" tief, hat einen Durchmesser von 30 cm und ein Fassungsvermögen von 7,9 Litern, randvoll gemessen. Die Deckel gibt es nur in einer Ausführung, somit passen die 12"-Deckel sowohl auf die tiefe als auch auf die flache Version des Topfes. Die Firma Petromax geht da andere Wege und bezeichnet ihre Dutch Oven mit der gerundeten Zahl des Fassungsvermögens in Liter. Ein ft12 von Petromax entspricht somit nicht dem 12" Dutch Oven von Lodge, sondern dem 14" tief. Aus diesem Grund lassen sich auch die Tabellen für die Heizung mit Holzkohlebriketts nicht einfach übertragen. Auch greift hier nicht die Regel: „Zahl auf dem Deckel entspricht der Zahl der Kohlen". Bei den afrikanischen Potjies entspricht die Zahl weder dem Durchmesser noch dem Inhalt. Man hat sich einfach Artikelnummern ausgedacht, eine Systematik steckt nicht dahinter.

Gut zu wissen:

Dutch Oven gibt es in zwei Ausführungen: die flachen und die hohen. Früher, also bevor das Kochen in ihnen Mode wurde, sondern Notwendigkeit war, gab es nur flache Töpfe. In ihnen wurden auch fast nur Brötchen oder Maisbrot gebacken. Der Vorteil bei einem tiefen Dutch Oven ist die Tatsache, dass der zusätzliche Freiraum komplett genutzt werden kann. Wenn bei einem flachen Topf zwei Fingerbreit oben frei bleiben, dann bleiben die auch bei einem tiefen Topf frei, sodass bei einem tiefen die zusätzlichen fünf Zentimeter Höhe komplett genutzt werden können.

Lodge	Petromax	Potjie
6" flach/0,9 l	ft1/1,1 l	-
8" flach/1,8 l	ft3/1,8 l	-
10" flach/4,0 l	-	-
10" tief/4,7 l	-	-
12" flach/6,0 l	ft6/6,1 l	#2/6,0 l
12" tief/7,9 l	ft9/8,0 l	# 3/7,8 l
14" flach/8,0 l	-	-
14" tief/10,0 l	ft12/11,5 l	# 4/9,3 l
-	ft18/17,3 l	# 8/18,5 l

Die Form des Henkels

Der Henkel beim Dutch Oven ist nicht einfach nur ein Stück Draht, sondern es handelt sich um ein wichtiges Konstruktionsmerkmal, das bei der Handhabung hilft. Während sich bei billigen Plagiaten der Henkel schon mal überhaupt nicht aufrichten lässt, weil der Deckel zu groß ist, bieten die besseren Modelle gleich mehrere Stellungen. Durch das geschickte Biegen und Ausformen der beiden Ösen liegt der Henkel entweder flach auf dem Topf auf oder er steht etwas hoch, sodass man ihn einfach greifen kann. Bei einem hängenden Topf, bei dem der Henkel natürlich aufrecht steht, muss trotzdem noch so viel Platz sein, dass sich der Deckel bequem auf- und abnehmen lässt und nicht an dem Henkel anstößt. Bei schlechten Dutch Oven ist der Henkel meist aus relativ dünnem Material gefertigt und die Ösen am Ende sind nicht groß und rund genug gebogen, sodass er beim Aufstellen hakelt und nicht hält.

Gut zu wissen:

Griffe mit einer Spirale – cool-grip – lassen sich bequemer anfassen, aber schlechter aufhängen.

Augen auf beim Dutch-Oven-Kauf

Bei einem Dutch Oven gibt es grundsätzlich drei Dinge, auf die Sie achten sollten, um die Qualität abzuschätzen. Erstens die Gleichmäßigkeit des Gusses, besonders der Wandstärke, zweitens die Rauheit der Oberfläche und drittens die Passform des Deckels. An der Gleichmäßigkeit der Wandstärke erkennen Sie, ob der Topf industriell gegossen wurde. Da die Formen für die Industrie einige zehntausend Euro kosten, können Sie davon ausgehen, dass die Wandstärke gleichmäßig ist. Bei schlechten handgemachten Töpfen schwankt die Wandstärke teilweise um etliche Millimeter, was sich auch auf das Kochverhalten auswirkt. An der glatten Oberfläche sehen Sie, dass der Hersteller feinen Sand verwendet hat und keine Lunker (Hohlräume) eingegossen hat. Eine glatte Oberfläche lässt sich leichter reinigen und die Patina leichter pflegen. Bei einer glatten Oberfläche und gleichmäßiger Wandstärke können Sie auch davon ausgehen, dass der Hersteller sauberes Eisenerz verwendet und im Verlauf der Produktion Proben zieht. Bei den handgemachten Töpfen weiß man nicht, welche Automotoren und Schrottteile dafür eingeschmolzen werden.

Die vielen Hersteller, die sich inzwischen auf dem Markt tummeln, unterscheiden sich nicht nur im Preis und der Qualität, sondern leider auch darin, ob ihre Produkte überhaupt nutzbar sind. Einige zweifelhafte Hersteller haben sich wohl lediglich einen Dutch Oven im Internet angesehen und ihn dann nach Abbildungen nachgegossen. Einige funktionieren ganz gut, andere gar nicht, auch wenn sie wie ein Dutch Oven aussehen. Beim Deckel und dem Deckelschluss sieht man das am besten. Einige Deckel sind so konstruiert, dass sie in den Topf eingreifen und mit einem Teil über dem Topf herausragen. Andere liegen nur flach auf und besitzen eine nur wenige Millimeter starke Wulst, die verhindern soll, dass der Deckel zur Seite vom Topf rutscht. Wieder andere haben einen speziell geformten Deckel, der als Pfanne genutzt werden kann. Eine Durchführung für einen Temperaturfühler ist inzwischen bei vielen neuen Modellen Standard. Dreht man den Deckel etwas weiter, dann verschließt sich das Loch, und Dampf kann nicht entweichen. Die Passform des Deckels verrät eine Menge über die Qualität des Topfes. Wenn der Deckel klappert und einige Millimeter Spiel hat, dann kann es sein, dass der Deckel krumm ist. Das können Sie leicht testen, indem Sie den Deckel auf eine ebene Fläche legen – ein Ceranfeld auf dem Herd eignet sich gut – und prüfen, ob der Deckel sauber aufliegt. Sie können den Deckel auch auf dem Topf um 90 ° drehen und prüfen, ob er immer noch klappert. Ist das der Fall, dann ist der Deckel krumm. Klappert der Deckel immer an derselben Stelle auf dem Topf, egal wie Sie ihn drehen, dann ist der Topf nicht rund, sondern leicht oval und nicht mehr zu retten.
Ein fertig eingebrannter Dutch Oven sollte heutzutage Standard sein, wer das als Hersteller nicht beherrscht, spielt nicht in der richtigen Liga. Sie sollten von solchen Töpfen die Finger lassen.

Gut zu wissen:

Es kann auch sein, dass irgendwo eine kleine Stelle aus dem Guss hochsteht, die kann man ganz einfach mit einem schnelldrehenden Multifunktionswerkzeug wegschleifen, dann sollte der Deckel wieder passen.

Verschiedene Größen ineinander gestellt

Wie fange ich an und was brauche ich?

Man kann ganz klassisch und einfach mit einem Dutch Oven in der Größe 12" tief bzw. dem ft9 oder einer ähnlichen Größen mit 8–9 Litern anfangen. Damit lassen sich die meisten Rezepte schon einmal ausprobieren, so reicht die Größe beispielsweise für ein Brot für zwei Personen aus, aber auch ein Schichtfleisch für 6–8 Personen ist möglich. Alle anderen Utensilien können Sie zunächst improvisieren, wobei ein Deckelheber, der wirklich funktioniert, auf der Beschaffungsliste den zweiten Platz nach dem Dutch Oven einnehmen sollte. Am besten kaufen Sie diesen gleich mit, denn Sie brauchen nur einen davon, egal wie viele Töpfe noch folgen, und da die meisten Dutch Oven im Versandhandel gekauft werden, fällt nur einmal Porto an.

Nummer drei auf der Liste sollte eine Kohlenzange sein, dann folgen Hitzeschutzhandschuhe und ein Anzündkamin.

Damit sind Sie auch schon optimal ausgestattet und es können weitere Töpfe kommen. Oder doch eine Dutch-Oven-Kochstelle oder ein Erdofen? Hier sind die persönliche Vorliebe und die schon vorhandene Infrastruktur entscheidend. Soll es ein größerer Topf sein, weil oft mehr Gäste kommen, oder ein kleinerer, damit Sie für sich zum Üben alles einmal ausprobieren können, ohne dann tagelang Reste essen zu müssen?

Am Anfang ist es auch wichtig, sich ein einfaches Rezept auszusuchen, das schmeckt und dankbar ist, wenn es um die Temperaturführung geht. Ein Gebäck mit Hefe oder ein Krustenbraten sind da natürlich schwieriger zuzubereiten als beispielsweise ein Gulasch oder ein Schichtfleisch.

Der Deckel schließt perfekt.

Die Materialstärken sind zwar unterschiedlich, aber beide Töpfe sind gleichmäßig und industriell gefertigt.

Qualitätsunterschiede bei der Herstellung

Bei der Produktion gibt es grundsätzlich zwei Arten: Die industrielle Produktion und die Handarbeit. Bei der Handarbeit, wie sie von vielen asiatischen Herstellern aufgrund der niedrigen Lohnkosten praktiziert wird, werden die Formen von Hand mit Formsand gefüllt und dann mit flüssigem Eisen aufgefüllt. Bei den Potjies, die auch in sehr großen Größen gefertigt werden, ist dieses Verfahren nach wie vor gebräuchlich. Nicht nur, dass es für diese Größen keine Maschinen gibt, die Gussform muss auch mehrteilig sein, da der Mund des Topfes enger ist als der Bauch. Bei der industriellen Gießerei wird die Form maschinell mit Formsand gefüllt und ein Modell hineingedrückt. Dieser Rahmen besteht aus zwei Seiten, wobei die eine Seite immer zu der anderen Seite der benachbarten Form gehört. So zusammengesetzt fahren die Formen zur Gießstraße und werden gefüllt, dann nach dem Auskühlen ausgeformt und gerüttelt, um die Angussstutzen zu entfernen und den restlichen Formsand abzuschütteln. Nach einem Reinigungsbad mit Stahlkugeln oder Steinen wird der Topf kontrolliert und die Kanten gebrochen. Dann werden die Töpfe an ein Fließband gehängt, mit Sojaöl besprüht und fahren dann zum Einbrennen in einen Industrieofen. Nach dem Erkalten werden sie verpackt und verkauft. Früher war das Gießen von größeren Töpfen ein Handwerk und wurde von den Glockengießern mit erledigt.

Schmelzofen für Gusseisen

Einen Dutch Oven einbrennen

Ein steter Quell angeregter Unterhaltungen – besonders in sozialen Netzwerken – ist das Einbrennen des Dutch Oven. Dazu einmal etwas Grundsätzliches vorweg: Sie brauchen den Dutch Oven überhaupt nicht einzubrennen. Auch wenn er nicht vorbehandelt sein sollte oder verrostet, einfach auswaschen und loskochen. Davon fällt man weder tot um noch löst sich der Topf auf. Die Patina bildet sich von ganz alleine. Unter diesem Aspekt sehen die Übergenauen, die wegen einer roten Stelle in der Größe einer Cent-Münze den ganzen Topf sandstrahlen und dann in mehreren Durchgängen schwarzbrennen, ziemlich komisch aus. Merke: Patina kommt ganz von selbst. Man kann aber nachhelfen und ein sauber eingeölter, rabenschwarzer – eher Ferrari-Schwarz – Dutch Oven ist nun mal der Stolz eines jeden Outdoor-Kochs. Trotzdem sollte die Patina nicht überbewertet werden, denn eigentlich ist sie dadurch wertvoll, dass das Essen nicht anbrennt und sich Backwaren leichter aus dem Topf nehmen lassen. Dazu muss die Patina aber innen im Topf sein, außen nutzt sie nichts. Wer ohnehin nur etwas Feuchtes kocht, wie ein Schichtfleisch oder ein Gulasch, der braucht überhaupt keine Patina, weil diese Gerichte nur dann anbrennen, wenn es mit der Glut von unten völlig übertrieben wird. Dann nützt die Patina aber auch nichts.

Bei der Patina handelt es sich um das sogenannte Schwarzbrennen, wobei auf das erhitzte Eisen Öl aufgetragen und abgebrannt wird. Dieses Verfahren wird schon seit Jahrtausenden beim Schmieden angewendet. Bei der Produktion von Gusseisen wird es erst seit einigen Jahren – zuerst von der Firma Lodge – angewandt. Dabei wird Pflanzenöl von beiden Seiten auf die an einem Fließband aufgehängten Teile gesprüht. An der tiefsten Stelle bildet sich ein gummiartiger Tropfen von verharztem Öl, der „Bauchnabel". Wenn man diesen Brocken – meist nur so groß wie ein Streichholzkopf – mit dem Fingernagel abkratzt, ist das Gusseisen darunter noch silbergrau wie vorher. Das ist kein Mangel, sondern produktionsbedingt, auch wenn immer wieder Kunden anrufen und deswegen den Topf umtauschen wollen, weil er angeblich beschädigt sei.

An der Unterseite des Deckels bildet sich oftmals Flugrost und auch die Patina hält dort nicht besonders gut. Das hängt damit zusammen, dass der Wasserdampf, der von den Speisen aufsteigt, oben am Deckel kondensiert, wenn keine Kohlen darauf liegen. Das ist normal, denn der Dampf wirkt wie bei einem Dampfreiniger und entfernt das Fett. Hier brauchen Sie sich die Mühe des erneuten Einbrennens nicht zu machen, einfach mit heißem Wasser und einem Stahlschwamm die rote Schicht entfernen, den Deckel abtrocknen und mit etwas Öl wieder einfetten.

So geht Einbrennen:

1. Waschen Sie den Dutch Oven mit heißem Wasser aus, bis das Eisen die Temperatur des Wassers angenommen hat.
2. Reiben Sie den Topf von innen mit einer Pflegepaste, oder einfachem Kokosfett, ein.
3. Stellen Sie den Topf mit den Beinen nach oben, und dem Deckel auf den Beinen, auf ein großes Stück Alufolie in den Backofen oder in einen Gas- oder Kugelgrill.
4. Heizen Sie den Backofen bzw. den Grill mit der größtmöglichen Hitze und erhitzen Sie den Topf 1 Stunde lang.
5. Lassen Sie den Topf im Ofen bzw. im Grill auskühlen.
6. Sollte der Dutch Oven noch nicht rabenschwarz sein, dann wiederholen Sie die Schritte 2 bis 5, bis Sie das Ergebnis überzeugt.

Hinweis: Das Einbrennen stinkt fürchterlich und sollte nur im Ausnahmefall in der Wohnung im Backofen durchgeführt werden.

Ein ab Werk sauber eingebrannter Dutch Oven

Ein häufig benutzer Dutch Oven besitzt die beste Patina.

Bei Flugrost muss der Topf nicht gleich neu eingebrannt werden.

Diese Stelle ist kein Mangel, sondern produktionsbedingt.

Wie transportiert man einen Dutch Oven …

Einen Dutch Oven zu transportieren ist eigentlich ganz einfach, denn ein Henkel ist ja bereits dran. Trotzdem möchte man auch weitere Reisen mit dem guten Stück unternehmen und da hat man dann zwei Möglichkeiten: Kiste oder Tasche. Eine Kiste hat den Vorteil, nicht nur den Topf gut zu schützen, sondern auch den Rest der Sachen im Kofferraum. Eine Kiste poltert nicht so leicht hin und her und man kann auch noch ein paar Sachen auf die Kiste stellen. Sobald man den Dutch Oven in Benutzung hat, kann man auf der Kiste noch etwas abstellen, das Gericht vorbereiten oder sich selber draufsetzen. Andersherum kann man argumentieren, dass eine Kiste auch leer den gleichen Raum einnimmt wie voll. Auch lässt sie sich nur mit zwei Händen richtig gut tragen. Hier kommt nun die Tasche ins Spiel. Mit den zwei Henkeln lässt sie sich einfach mit nur einer Hand tragen und ohne den Dutch Oven legt man sie einfach flach zusammen. Wichtig bei einer solchen Tasche ist, dass sie einen ordentlichen festen Boden besitzt, damit die Füße des Topfes nicht durchstechen. Ansonsten legen Sie den Deckel nach unten und stellen den Topf mit den Füßen auf den Deckel. Das ist aber immer eine rutschige Angelegenheit und eigentlich nur ein Notbehelf. Zumal sich dann kaum etwas Schweres auf der Tasche abstellen lässt und somit wieder mehr Platz im Kofferraum einnimmt.

Um einen Dutch Oven kurze Strecken im Auto zu transportieren, drehen Sie den Topf auf die Öffnung mit den Beinen nach oben. So rutscht er am wenigsten, erst recht nicht, wenn der Kofferraum mit Teppich ausgekleidet ist. Den Deckel legen Sie entweder in den Fußraum, oder auf die Beine des Topfes, auch wenn das unter Umständen klappert.

Manche Dutch Oven lassen sich einfach ineinander stapeln, so passen beispielsweise mehrere ft9 ineinander

… und wie bewahrt man ihn auf?

Auch wenn man am liebsten den ganzen Tag mit dem Dutch Oven kochen möchte, muss man ihn doch irgendwann einmal wegräumen. Die richtige Aufbewahrung beginnt mit der richtigen Reinigung (s. S. 24). Danach reiben Sie den noch warmen Topf mit Pflanzenöl ein. Olivenöl kann leicht etwas aushärten, daher ist Kokosfett oder eine der handelsüblichen Pflegepasten für die längere Konservierung besser geeignet.
In den Topf geben Sie ein Küchentuch, um ggfs. Feuchtigkeit aufzusaugen. Den Deckel sollten Sie immer mit einem zusammengefalteten Küchentuch leicht anheben, ansonsten kann es sein, dass er durch verharzendes Öl festklebt. Auf jeden Fall sollten die Töpfe luftig und trocken aufbewahrt werden.

Eine Kiste schützt optimal,
eine Tasche ist dafür handlicher.

Wie reinigt man einen Dutch Oven?

Einen Dutch Oven zu reinigen ist eine denkbar einfache Sache: Einfach nur mit heißem Wasser auswaschen. Das Wasser sollte so heiß sein, dass man es fast nicht anfassen kann, denn dann löst es das Fett und spült es einfach weg. Mit einem Ringreiniger (s. S. 46) oder einem Stahlschwamm entfernen Sie die hartnäckigen Verkrustungen und schon sollte der Topf wieder sauber sein. Gießen Sie das Wasser aus und stellen Sie den Topf mit den Füßen nach oben zum Abtropfen weg. Durch die gespeicherte Hitze des heißen Wassers sollte dieser innerhalb weniger Augenblicke trocken sein. Reiben Sie den noch warmen Topf mit Öl oder einer Dutch-Oven-Pflegepaste ein, dann sind Sie mit dem Topf auch schon fertig.

Die Reinigung des Deckels ist nicht ganz so einfach, denn durch die aufgelegte Kohle und durch das Öl zur Konservierung hat sich meist in den vielen Vertiefungen des Logos eine klebrige Masse gebildet, die im Amerikanischen mit „Gunk" bezeichnet wird. Das ist im Wesentlichen verharztes Öl mit Ascheresten, die nur schwer zu entfernen sind. Da hilft nur ein heißes Bad in Wasser und Schrubben mit einem Stahlschwamm oder einer Drahtbürste. In diesem Fall ist die Patina auch egal. Ein Hochdruckreiniger mit heißem Wasser wirkt dabei wahre Wunder. Letztlich kommt diese Seite des Topfes aber nicht mit Lebensmitteln in Kontakt und ein schon „benutzt" aussehender Deckel verleiht dem Besitzer den Nimbus des Viel-Kochers und echten Fachmanns.

Oft kommen in den sozialen Netzwerken völlig verschreckte Fragen nach der Patina, die nun im Dutch Oven an einer Stelle abgeblättert ist. Abgesehen davon, dass die Patina nicht abblättert, sondern das angebrannte Essen, macht das nichts. Nach dem nächsten Kochen ist die Patina wieder vorhanden, zumindest zu einem Teil, und nach drei Krustenbraten findet man die Stelle nicht wieder. Sie können auch in einem Topf ohne Patina braten, das macht nichts aus! Es kann höchstens sein, dass Ihnen das Essen leichter anbrennt. Wenn die Töpfe allesamt eine gleichmäßige schwarze Patina aufweisen, dann zeugt das davon, dass der Koch weiß, was er tut. Trotzdem muss er innen sauber sein, außen ist das nicht so entscheidend.

Beim Reinigen stellen viele Köche fest, dass die Innenseite des Deckels durch den aufsteigenden Dampf rötlich verfärbt ist. Dann rufen schon einmal verunsicherte Kunden an und wollen den Dutch Oven neu einbrennen, weil er „völlig verrostet" sei. Das ist natürlich nicht notwendig. Es handelt sich dabei um den bereits erwähnten Flugrost, der mit heißem Wasser abgespült werden kann. Dann ist der Topf auf der Seite vielleicht etwas heller, das war's dann aber schon. Nach dem nächsten fettigen Krustenbraten ist der Deckel auch an der Unterseite wieder rabenschwarz.

Die beste Patina haben diejenigen Töpfe, die ich ausschließlich zum Backen nutze und die daher regelmäßig eingeölt und quasi trocken erhitzt werden. Machen Sie sich davon frei, dass ein Topf eine Patina haben müsste, gerade innen verändert sich das Aussehen je nach der gerade gekochten Speise. Bei einem Chili ist der untere Teil hell. An der Stelle, an der der Flüssigkeitsspiegel stand, ist der Topf rötlich und der Rest ist schwarz. Nach dem nächsten Kochen ist der gesamte Topf heller und der Deckel rötlich, nach dem nächsten Krustenbraten oder Zimtschnecken ist der Topf und der Deckel wieder schwarz.

Ein Dutch Oven ist also sehr robust. Dennoch sollten Sie den Topf mit den Kohlen nicht im Regen stehen lassen. Die Asche mit dem Wasser greift den Topf an und lässt sich nur schwer wieder entfernen. Sie sollten auch die Speisen aus dem Topf entfernen und – solange Sie noch heiße Kohlen haben – den Topf mit Wasser aufsetzen und zum Kochen bringen, um die Essensreste zu entfernen. Grobe Reste entfernen Sie vorher mit einem Teigschaber, dem sogenannten Schlesinger (s. S. 43).

Etwas Wasser und ein Handtuch genügen. Bei hartnäckigem Schmutz hilft ein Ringreiniger.

HITZE-REGULIERUNG UND BEDIENUNG

Holzkohle und Briketts

„Die Kohle vom Discounter ist fast genauso gut wie die vom deutschen Hersteller", – immer wieder höre ich diese Aussage und immer wieder muss ich feststellen, dass sich die Leute, die das am lautesten schreien, dann einige Tage später einen großen Vorrat anlegen und feststellen müssen, dass die Kohle Mist ist. Dazu ein kleiner Abstecher in die Logistik der großen Discounter: Die Einkäufer sitzen in ihren Büros und Musterräumen und empfangen die Verkäufer, die dann ihre Angebote abgeben dürfen. Zusätzlich zu möglichst billigen Einkaufspreisen gibt es auch noch die sogenannten Listungsgebühren, die durchaus bei 250.000 Euro für ein Produkt liegen können. Diese sollen dazu dienen, die Kosten für die Aufnahme in das Sortiment des Discounters zu decken. Woanders heißt das Werbekostenzuschuss oder Beteiligung an der Kataloggestaltung. Wie dem auch sei, es fließt im Normalfall schon einmal Geld, um den Discounter überhaupt beliefern zu dürfen. Wenn man sich einig geworden ist, dann geht der Verkäufer mit einem Auftrag über etliche Container Grillkohle wieder nach Hause. Im Gepäck eine Druckvorlage für die Tüte und ein Plan, wann genau wie viele Tüten wo abgeliefert werden müssen. Bei einem bekannten Discounter sind das bei etwa 4000 Filialen und zwei Paletten pro Filiale rund 320 Überseecontainer. Das schafft kaum eine Firma alleine und so werden diese Aufträge an verschiedene Hersteller vergeben. So kann es passieren, dass auf der einen Palette Kohle aus Afrika liegt, in der anderen aus Südamerika. Die eine ist in Ordnung, die andere Mist. Man probiert und hat zufällig gute Kohle, kauft dann etliche Tüten nach und erwischt das minderwertige Zeug.

Inzwischen gibt es Briketts und Holzkohle aus allen möglichen nachwachsenden Rohstoffen, von Kokosnussschalen über Bambus bis hin zu argentinischem Regenwald. Warum man in einem Land wie Deutschland, das zu 30 % von nachhaltig bewirtschaftetem Wald bedeckt ist, Holzkohle aus Argentinien oder sogar Australien einführen muss, ist mir ein Rätsel.

Gut zu wissen:

In einem Sack mit Kohle sollte sich nur ein geringer Anteil an zerbrochenen Kohlen befinden, besonders, wenn man die Kohlen für das Kochen mit dem Dutch Oven abzählen will.

Es gibt einige Grillbriketts, die außen zwar genauso aussehen wie andere auch, aber aus Braunkohlekoks bestehen. Erkennen kann man das an der gelblich-bräunlichen Asche und dem Schwefelgeruch beim Abbrand. Auch die Premium-Grillbriketts eines bekannten Grillherstellers – inzwischen vom Markt verschwunden – waren aus solchen Zusätzen zusammengemischt, was euphemistisch als Briketts aus „hochreinem Kohlenstoffkonzentrat mineralischen Ursprungs" bezeichnet wird. Auf der Verpackung war dann auch das FSC-Siegel für nachhaltige Forstwirtschaft aufgedruckt, weil das Papier für die Verpackung aus FSC-zertifizierten Wäldern stammt. Dieses Beispiel zeigt, dass man bei einigen Grillbriketts höllisch aufpassen muss, denn es handelt sich nicht um Holzkohle, sondern um Braunkohlekoks. Dieser muss beim Anfeuern erst noch den Schwefelanteil verbrennen und stinkt deshalb auch entsprechend. Ich möchte über diesen Koksbriketts auf keinen Fall mein Fleisch grillen und auch für die Beheizung eines Dutch Oven sind sie nur bedingt geeignet. Zwar wird im Topf der Geschmack nicht beeinträchtig, aber meist ist die Kohle so energiearm, dass das Gericht nicht richtig kocht, vom Überbacken eines Krustenbratens ganz zu schweigen. Braunkohle erkennen Sie beim Einkauf an dem Etikett auf der Verpackung. Sie müssen für sich entscheiden, was Sie wollen, denn wenn man bedenkt, dass die Dutch Oven auf den Viehtrecks mit glühenden, getrockneten Büffelfladen beheizt wurden, dann kann man sich vorstellen, was noch alles geht.

Für viele Gerichte ist die Brenndauer entscheidend, die direkt mit der Hitze zusammenhängt. Zwei Briketts, die gleich schwer sind, besitzen die gleiche Energie beim Abbrand. Wenn diese nun in einer Stunde freigesetzt wird oder in vier, dann kann die Kohle, die vier Stunden brennt, nur kälter sein als die andere. So kommt es dann auch, dass die eine Sorte im Dutch Oven eine Hitze von bis zu 300 °C erzeugt, die lang brennenden jedoch nur 130 °C, was bei einer Suppe egal ist, aber zum Aufknuspern der Schwarte bei einem Krustenbraten nicht ausreicht. Die lang brennenden Kohlen sind somit für den Dutch Oven nur selten zu gebrauchen, da sie die notwendige Hitze nicht zur Verfügung stellen. Wenn selbst ein komplett bedeckter Deckel gerade mal 170 °C bringt, dann können Sie nicht mehr dazulegen, sondern Sie müssen heißere Kohlen nehmen. Diese brennen dann zwar nur eine Stunde, aber so, dass eine Temperatur von über 300 °C möglich ist. Für weniger Hitze legen Sie dann einfach weniger Kohlen auf.

Braunkohlenkoks
Holzkohle mit sichtbaren Holzstückchen
Kohle aus Kokosnussschalen

Garzeiten und Anzahl der Kohlen

Beim Kochen mit den schwarzen Töpfen kommt immer wieder die Frage auf, wie viele Kohlen denn auf und unter dem Topf zu liegen haben, um zu einem tollen Ergebnis zu kommen. Dabei ist die Frage nach der Anzahl der Kohlen und der Zeit in etwa so vermintes Gebiet wie die Frage einer Frau, wie sie denn in dem neuen Kleid aussieht. Jede Antwort ist falsch. Der eine nimmt den billigsten Dutch Oven, den es noch mit Rabatt im Internet zu ergattern gab, dazu die billigsten Briketts, Fleisch aus der Kühltheke, wobei man beim Öffnen das Tierleid förmlich riechen kann.

Dann versucht er, das Fleisch, das bei 0 °C gerade aus der Kühlung kommt, anzubraten, kocht es dann aber bei zu niedriger Gartemperatur und schaut alle zehn Minuten in den Topf, wobei er jedes Mal mit einem Thermometer hineinsticht. Das andere Ende der Skala ist der Profi, der mit Profi-Gerät arbeitet und sich auf qualitativ hochwertige Töpfe beschränkt, die besten Kohlen kauft, die es zu kaufen gibt, das richtig gereifte Fleisch aus guter Haltung erst einmal Zimmertemperatur annehmen lässt und dann aus Erfahrung nur ein- oder zweimal den Deckel öffnet, damit nicht zu viel Hitze entweicht. Bei niedriger Umgebungstemperatur nimmt er ein oder zwei Kohlen mehr. Bei Wind, der die Kohlen anfacht, nimmt er ein bis zwei weniger. Um dann auf die gewünschten 75 °C Kerntemperatur zu kommen, braucht man im ersten Fall 75 °C Temperaturerhöhung (von 0 °C auf 75 °C), im zweiten nur 55 °C (von 20 °C auf 75 °C).

Somit sind die angegebenen Garzeiten nur grobe Richtwerte, die dem Leser eine ungefähre Schätzung erlauben sollen. Bei jedem Öffnen des Dutch Oven können Sie fünf Minuten zur Garzeit dazurechnen, also hören Sie lieber an dem Topf. Er sollte leicht blubbern, aber nicht so stark, dass der Deckel klappert. Für alle Unsicheren: Sie können auch ein Fleischthermometer mit Fernablesung nutzen, wenn der Topf eine Durchführung besitzt.

Weiterhin sind die Anzahl der Kohlen, die Sorte und die Anzündung entscheidend. Bei den Kohlen gibt es gute und schlechte Sorten, die einen sind aus hochwertigem Holz, die anderen aus zweifelhafter Holzkohle und Sand gefertigt, die dritten bestehen aus Braunkohlekoks. Das hat alles Auswirkungen auf die Temperatur und die Zeit, die das Gericht benötigt. Noch entscheidender ist die Art, wie die Kohlen angezündet werden. Die einen legen die Kohle auf den Topf, wenn nur 10 % der Fläche angebrannt sind. Dann muss die Kohle auf dem Topf erst noch richtig durchglühen, was ebenfalls Zeit kostet, andere lassen die Briketts im Anzündkamin, bis diese rundum hellrot glühen. Diese Kohlen bringen zwar sofort die komplette Hitze, aber dafür haben Sie einen Teil ihrer Brenndauer im Anzündkamin verbracht.

Neben all diesen Faktoren spielt dann auch die Qualität des Dutch Oven eine Rolle, die sich besonders in der Gleichmäßigkeit des Gusses und somit der Wandstärke und der Passgenauigkeit des Deckels niederschlägt. Die Köche, die sich nur einen billigen Dutch Oven leisten können (oder wollen), kaufen häufig eben auch schlechte Kohle und minderwertiges Fleisch. Als erfahrener Dutch-Oven-Koch können Sie das etwas abfangen und trotzdem ein akzeptables Ergebnis auf den Teller bringen. Sie werden aber immer hinter demjenigen zurückstehen, der ein Qualitätsprodukt mit dicht schließendem Deckel verwendet, mit hochwertigen Grillbriketts heizt und gutes Fleisch kauft. Das soll jetzt nicht diejenigen, die mit irdischen Gütern nicht so reichlich gesegnet sind, verschrecken. Der Dutch Oven ist eben genau dafür gedacht, günstige und damit zähere Fleischstücke durch das langsame Garen im eigenen Saft bei niedriger Temperatur weich zu bekommen.

Wenig Hitze

Mittlere Hitze

Starke Hitze

Die einfache Ring-Methode zur Hitzesteuerung

	Wenig Hitze	halber Ring (7 Stück bei einem 12" oder ft9 oben und 5 Stück unten)
	Mittlere Hitze	ganzer Ring (14 Stück bei einem 12" oder ft9 oben und 10 Stück unten)
	Starke Hitze	anderthalb Ring (21 Stück bei einem 12" oder ft9 oben und 15 Stück unten))

Jeder Neuling in der Outdoor-Küche möchte natürlich genau wissen, wie man die Hitze des Dutch Oven genau steuert. Das Drama mit der Befeuerung der Dutch Oven ist ein steter Quell für Streitgespräche unter Outdoor-Köchen. Früher war die Welt einfach, denn da gab es einen 12" Dutch Oven und eine Tabelle. Inzwischen hat Petromax den Markt aufgemischt und es ist eine Universal-Formel gefragt. Um es ganz einfach zu machen: Es gibt nur drei Einstellungen, nämlich wenig Hitze, mittlere Hitze und starke Hitze. Legen Sie einen Ring aus Kohle dicht an dicht auf den Deckel um den Rand sowie unter den Topf. Da der Topf unten einen geringeren Durchmesser besitzt, liegen dort auch weniger Kohlen. Das ist Ihre mittlere Hitzeeinstellung. Egal, welches Fabrikat, ob flach oder tief, eckig oder rund. Damit sollten Sie starten, dann können Sie nichts falsch machen. Die Kohlen bleiben aber natürlich nicht dort liegen, sondern werden gleichmäßig auf dem Deckel bzw. unter dem Topf verteilt. Es geht dabei nur darum, die Anzahl festzustellen. Das Ganze funktioniert auch mit Kohlen aus dem Lagerfeuer, wenn dieser Ring drei Fingerbreit ist, sowie mit quadratischen oder den länglichen Kokosnussbriketts. Für wenig Hitze nehmen Sie einfach jede zweite Kohle aus Ihrem Ring. Besonders erheiternd finde ich in den sozialen Netzwerken die Fragen, wie viele Kohlen bei einer Erbsensuppe auf den Deckel gehören. Ganz einfach: Auf Suppe gehört überhaupt keine Oberhitze. Wozu auch? Wasser wird nicht heißer als 100 °C, ganz gleich, ob Sie das mit Holz, Kohle, Gas oder einer Nuklearreaktion erhitzen. Wer sich nicht sicher ist, der schaut einfach nach, wie die Suppe kocht, und achtet darauf, dass sie nicht anbrennt, weil die Hitze zu groß ist..

Gut zu wissen:

Bedenken Sie: Die Außentemperatur und die Art der Kohlen spielen eine so entscheidende Rolle, dass auch ungefähre Angaben manchmal nicht passen. Beispielsweise kühlt bei einem scharfen Wind der Topf nicht aus, sondern er entfacht im Gegenteil die Kohlen noch mehr und der Topf wird heißer.

Hängen oder Stehen?

Ein hängender Dutch Oven ist immer sehr weit von der Glut entfernt und daher wird mit der Flamme des Feuers gekocht. Feuer ist aber sehr heiß und schlechter zu steuern als ein sauberes Glutbett oder eine abgezählte Anzahl Grillbriketts. Bei Gerichten, die lange kochen müssen, wie Bohnen für den Erdofen, ist das kein Problem, denn Wasser wird nicht heißer als 100 °C. Beim Anbraten von großen Bratenstücken ist ein heißes Feuer ebenfalls hilfreich. Beim Überbacken von Käse beispielsweise, bei dem fast nur Oberhitze benötigt wird, ist diese Form jedoch die denkbar schlechteste Wahl.
Auch kann es nachteilig sein, dass der hängende Dutch Oven hin- und herpendelt. Bei einigen Töpfen verhindert eine Delle im Henkel, dass er schräg hängt. Sie sollten grundsätzlich beim Hängen nur tiefe Dutch Oven verwenden, denn die großen, flachen wie ein 14" oder 16" hängen nicht besonders stabil und können umschlagen, wenn der flüssige Inhalt innen ins Schwappen gerät.

Es handelt sich hier nicht um eine Fotomanipulation, sondern um einen Erdofen (s. S. 54).

Kochen mit der Glut aus einem Lagerfeuer

Ich persönlich koche gerne mit der Glut aus dem Lagerfeuer. Wichtig ist, dass Sie genug Glut zur Verfügung haben. Dazu brauchen Sie wenigstens zehn Scheite Kaminholz (armdick, 33 cm lang). Diese müssen mindestens eine Stunde lang brennen und dabei noch nachgelegt werden, sodass immer mindestens sechs Scheite brennen, damit genug Glut für das weitere Kochen bereit steht. Beim Kochen neben dem Feuer müssen Sie beachten, dass der Topf durch die Strahlungshitze nur an der Seite aufgeheizt wird und Sie ihn alle paar Minuten drehen müssen, damit er nicht einseitig anbrennt.

Wenn Sie den Dutch Oven mit Glut aus dem Lagerfeuer heizen, dann nutzen Sie eine Schicht Kohlen, die Kirschgröße haben sollten, und erreichen damit etwa 175 °C. Jetzt noch eine Schicht unter den Topf und Sie liegen richtig. Allerdings müssen Sie die Glut nach 15 Minuten prüfen und gegebenenfalls austauschen. Es ist schlecht, wenn Sie immer wieder neue Kohlen dazuzulegen, da das nicht besser heizt, sondern schlechter. Die bereits ausgeglühten Kohlen isolieren den Deckel und sorgen dafür, dass die Kohlen nicht im vollen Umfang glühen können, weil der Teil, der unten in der Asche liegt, keinen Sauerstoff mehr bekommt.

Was kann alles schiefgehen bei der Benutzung von Lagerfeuer-Glut? Zum einen ist die Glut nicht so schön abzuzählen wie Grillbriketts und zum anderen hält die Glut nur etwa 20 Minuten und braucht daher ständige Überwachung. Weiterhin kocht man am Lagerfeuer meist auf der Erde, wobei der Topf nur auf weichem Sand steht und leicht einsinkt. Ist dies der Fall, drückt das Gewicht des Topfes die Kohle in den Boden und sie geht aus. Beachten Sie auch, dass Sie mit der Schaufel nicht versehentlich eine Schippe Dreck und Erde auf den Topf geben, sondern wirklich nur glühende Kohlen. Mit einer Siebschaufel ist das besonders einfach, weil Asche und Sand durch die Schlitze fallen. So bleiben nur die brauchbaren Kohlen übrig.

Wie vermeiden Sie Überraschungen oder Enttäuschungen?

Fangen Sie auf jeden Fall immer rechtzeitig mit dem Kochen an. Bei jedem Kochen sollten Sie zuerst die Kohlen bzw. das Feuer entzünden, dann kommt das Fleisch in den Topf. Jetzt können Sie sich um alles andere kümmern. Wenn Sie für das Fleisch mit drei Stunden rechnen, dann fangen Sie vier Stunden vorher an. Besser, das fertig gegarte Fleisch warmhalten, als halbfertiges Essen auf den Tisch zu stellen. Bei Krustenbraten sind Enttäuschungen vorprogrammiert, wenn Sie versuchen, die Kruste gleich am Anfang zu zaubern. Bei einem Krustenbraten sollten Sie zuerst das Fleisch mit niedriger Temperatur und dementsprechend wenig Oberhitze richtig weich garen. Dann, wenn das Fleisch fertig ist, kümmern Sie sich nur noch um die Kruste. Diese sollte richtig aufpoppen wie Popcorn, denn ein Krustenbraten ohne Kruste ist nun einmal nicht gelungen.

Ganz wichtig ist, immer mit dem vollen, gesunden Menschenverstand bei der Sache zu sein und sich nicht blind auf die Rezepte zu verlassen. Wie schon an anderer Stelle beschrieben, kochen wir draußen und es gibt bei der Outdoor-Küche so viele Dinge, die die Temperatur und die anderen Parameter beeinflussen. „Komisch, ist schon alles schwarz, aber nach Rezept muss es noch 30 Minuten“, denkt sich vielleicht so mancher Neuling „und weil mein Fleisch jetzt rabenschwarz ist, schreibe ich eine vernichtende Kritik in den sozialen Netzwerken. Der Autor ist schließlich Schuld, dass mein Essen verbrannt ist!“

Kochen bei Regen, Kälte und Schnee

Die große Herausforderung bei Regen ist, dass die Kohlen nicht ausgehen. Das können Sie natürlich verhindern, indem Sie einfach unter einem überdachten Platz weiterkochen. Besser ist ein Dutch-Oven-Tisch, über den Sie einfach ein ausreichend großes Blech legen, aber mit so viel Abstand, dass die Kohlen nicht ausgehen.

Ein weiteres Problem beim Kochen im Regen ist die Tatsache, dass das Regenwasser zusammen mit der Hitze und der aggressiven Asche den Topfdeckel rasend schnell rosten lässt. Hier sollten Sie sofort nach dem Essen den Deckel – besonders, wenn er ein feines Relief zeigt – mit heißem Wasser abspülen, abtrocknen und dann einfetten.

Das Kochen bei Schnee und Kälte unterscheidet sich vom Kochen im Sommer eigentlich überhaupt nicht. Trotz Minustemperaturen wird der Topf heiß und die Kohlen glühen auch weiter. Auch der Schneefall auf den Topfdeckel stört weniger als Regen im Sommer.

Sobald Sie auch noch einen leichten Wind haben, der die Kohlen anfacht, ist der Unterschied von Minusgraden im Winter zu 30 °C im Sommer kochtechnisch irrelevant. Da stört schon eher das fehlende Tageslicht in den Abendstunden.

Überbacken mit dem Petromax

Beim Dutch Oven von Petromax ist der Deckel bekanntlich als Pfanne gearbeitet und selbst einige Zentimeter hoch und somit weiter vom Essen entfernt als beispielsweise bei den Lodge-Modellen. Das kann beim Überbacken entscheidende Nachteile haben, besonders dann, wenn die tiefen Töpfe nicht randvoll sind. Hier gibt es aber eine ganz einfache Lösung: Drehen Sie den Deckel um und legen Sie die Kohle in die „Pfanne", so kommen Sie locker 5 cm näher an die Oberfläche und können Ihr Gericht ganz normal überbacken.

Gedrehter Deckel zum Überbacken

ZUBEHÖR

Der Deckelheber in verschiedenen Ausführungen

Durch die glühende Kohle lässt sich der Deckel nicht wie bei den Töpfen in der Küche einfach mit einem Topflappen oder gar mit den bloßen Händen hochheben. Vom einfachen Haken bis zur komplizierten Konstruktionen – die man mit Fug und Recht als „over-engineered" bezeichnen kann – gibt es eine Menge Lösungen. Ein einfacher Haken ist dabei eine wackelige Angelegenheit, die kaum weiterhilft, denn der Deckelheber soll ja nicht nur den Deckel heben, sondern auch verhindern, dass Teile von der Asche und der Glut in das Essen fallen. Am Griff angehoben muss sich der Deckel durch sein Eigengewicht verkeilen und so sicher und fest zu halten sein. Weiterhin sollte der Deckelheber nicht zu kurz sein, damit man mit der Hand möglichst weit von der heißen Glut entfernt ist. Die kurzen, bei billigen Dutch Oven beigelegten Deckelheber sind daher durch die Bank ungeeignet. Als Improvisation ist ein Latthammer, wie er von Dachdeckern benutzt wird, gut geeignet. Einfach mit der Spitze durch den Griff vom Deckel gehen und anheben.

Die als de-luxe- oder Profi-Deckelheber bezeichneten Geräte sind sehr kompliziert aufgebaut und müssen genau zum jeweiligen Deckel passen, dann allerdings vermitteln sie einen sicheren Griff, und Sie können damit sogar den Deckel über Kopf halten und so die Asche komplett abschütteln.

Ein Dutch-Oven-Tisch muss einiges aushalten.

Untersetzer

Um einen Dutch Oven auf den Tisch zu stellen, sind Untersetzer einfach ein Muss. Nicht nur, dass die Töpfe heiß sind, sie sind auch auf der Unterseite verrußt und die drei Beine verursachen beim unsanften Hinstellen Dellen im Tisch. Daher sollte der Untersetzer so hoch sein, dass entweder die Beine in der Luft hängen und keinen Kontakt mit dem Tisch haben, oder er ist so groß und feuerfest – beispielsweise eine große Kachel –, dass die Beine sauber auf dem Untersetzer stehen und keinen Schaden anrichten. Ansonsten können Sie den Deckel – geht aber nur bei Lodge und baugleichen Modellen – auf den Untersetzer legen und den Topf auf den Deckel stellen. In dieser Konstellation können Sie auch einige wenige Kohlen auf den Deckel und unter den Topf legen und somit die Speisen warmhalten.

Was passt besser zu einem zünftigen Mahl der Cowboy-Küche als ein Untersetzter aus Hufeisen? Man bekommt sie gebraucht bei jedem Reitstall kostenlos. Mit ein paar Schweißpunkten zusammengeheftet und im Grill wie ein Dutch Oven schwarzgebrannt ist das Schmuckstück schon fertig.

Schlesinger

Ein Schlesinger oder Teigkarte oder Pfannenschaber ist das erste Werkzeug, das beim Reinigen eines Dutch Oven zum Einsatz kommt. Damit können Sie sämtliche Essensreste entfernen und aus dem Topf heben, dann ist das Auswaschen ein Kinderspiel. Früher war ein Schlesinger aus dem Knorpel am Schulterblatt vom Rind und für das Auskratzen der Schlachtewannen bestimmt, aber in der Kunststoff-Version hat er sich für den Dutch Oven und anderes Gusseisen-Kochgeschirr als unentbehrlich erwiesen. Mit der harten Kante sind auch angebrannte Essensreste nach dem Einweichen spielend leicht zu entfernen.

Dutch-Oven-Tisch

Von verschiedenen Herstellern gibt es inzwischen auch Tische für das Kochen mit dem Dutch Oven. Diese sind unheimlich praktisch, weil man sich nicht ständig bücken muss und weil man auch einen Windschutz zur Verfügung hat. Bei der Auswahl des Tisches sollten Sie aber daran denken, dass dieser beim Kochen in Etagen vier voll beladene Dutch Oven aushalten muss. Dazu die Hitze durch die Kohle, da braucht man schon richtiges Blech und stabile Beine. Die Ausrede: „Ich brauch den ja nur zwei Mal im Jahr, da reicht auch ein billiges Modell", zählt in diesem Fall nicht, denn ein Zentner heißes Essen und Gusseisen wiegt bei „zwei Mal im Jahr" genauso viel wie bei „ein Mal die Woche". Trompetenblech ist da nicht das Material der Wahl. Auch sollten die Beine sehr massiv und gut verarbeitet sein, denn wenn der Tisch mit 40 Liter kochendem Essen beladen ist, darf er einfach nicht umkippen, das wäre für die Umstehenden lebensgefährlich.

Zange

Eine Zange aus Metall, mit der Sie auch richtig zupacken und einen drei Kilogramm schweren Braten bewegen können, ist ein gutes Hilfsmittel beim Kochen am Lagerfeuer. Sie können damit auch brennende Holzscheite oder glühende Kohlen bewegen. Sparen Sie hier nicht an der Qualität. Die aus Draht gebogenen Teile sind unbrauchbar, da meist aus zu dünnem Material gefertigt. Ich habe schon Zangen gesehen, mit denen man noch nicht einmal eine Bratwurst mit 120 Gramm Gewicht anheben konnte, weil das Material nicht steif genug war und die Wurst einfach aus der an sich festen Umklammerung herausgerutscht ist.

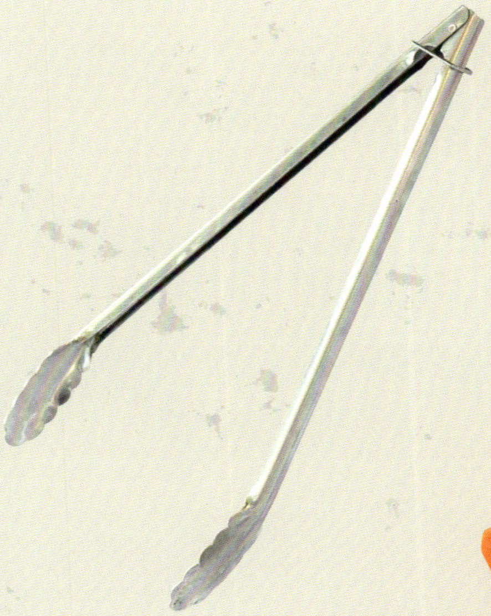

Handschuhe

Beim Kochen mit dem Dutch Oven ist es sehr praktisch, wenn Sie dabei feuerfeste Handschuhe tragen. Geben Sie aber für die Handschuhe nicht allzu viel Geld aus, denn diese sind ein Verbrauchsmaterial. Sie werden hart und die Finger schrumpfen zusammen, sodass man die von Zeit zu Zeit austauschen muss. Besonders, wenn das Leder mit heißen Flüssigkeiten in Berührung kommt, leiden die Handschuhe gewaltig, trockene Hitze ist hingegen kein Problem. Vermeiden Sie auf jeden Fall zu enge Handschuhe, denn wenn Sie merken, dass es heiß wird, bekommen Sie die Handschuhe nicht schnell genug von den Händen. Das kann besonders gefährlich werden, wenn sie mit Flüssigkeiten in Kontakt kommen, dann schlägt die Hitze sofort durch. Die langen Stulpen sind gerade im Sommer wichtig, wenn Sie mit kurzen Ärmeln grillen und über der Glut arbeiten, denn die Innenseite des Unterarms ist sehr hitzeempfindlich.

Schippe/ Kohlenschaufel

Um die Kohlen aus einem Lagerfeuer auf dem Dutch Oven zu verteilen, brauchen Sie eine Schaufel. Die normalen Schaufeln für die Gartenarbeit sind überdimensioniert, sodass ich seit Jahren mit Begeisterung eine kleine Schippe aus Blech nutze. Durch den langen Stiel ist man weit von der Hitze des Feuers entfernt und die Platzierung der Glut ist präzise möglich.

Anzündkamin

Ein Leben ohne Anzündkamin kann ich mir nicht mehr vorstellen. Die Kohle wird in den Anzündkamin geschüttet und von unten mit einem Grillanzünder oder einem Blatt Zeitungspapier entfacht. Durch den Kamin-Effekt zieht die Hitze nach oben und reißt Sauerstoff mit sich, der so die Kohlen selbständig entzündet. Für das Kochen mit dem Dutch Oven sind kleinere Anzündkamine praktischer als große. Die Kohlen sollen in einer hohen, schmalen Schicht liegen. Benötigen Sie nur wenige Kohlen, dann liegen sie in einem großen Kamin nur in zwei Schichten übereinander, sodass kein Kamineffekt genutzt werden kann. Sie können diese Kamine inzwischen in sehr guter Qualität im Baumarkt für etwa zehn Euro kaufen. Sie müssen nur die Augen offen halten und dann zuschlagen. Einen Anzündkamin für nur wenige Kohlen können Sie ganz einfach mit etwas handwerklichem Geschick aus einem Besteckhalter aus dem Möbelhaus mit dem Elch basteln.

Anzündkamin im Einsatz

Petromax Atago

Die Feuerstelle Atago der Firma Petromax ist zwar nicht direkt für den Einsatz mit einem Dutch Oven vorgesehen, aber das funktioniert dennoch ganz hervorragend. Ein ft9 oder ein 12" tief passen wunderbar in die Öffnung und lassen sich dann mit der Hälfte der Kohlen von unten betreiben, die bei einer „normalen" Aufstellung nötig wären. Da die Hitze nicht so schnell entweicht und der Wind auch nicht an die Kohlen kommt, ist dieser Aufbau gerade in besiedelten Gebieten oder dort, wo man kein Feuer auf der Erde machen darf, gut geeignet.

Ringreiniger

Seit kurzem gibt es die sogenannten Ringreiniger für Gusseisen. Dabei handelt es sich um ein Kettengeflecht, wie es als Schnittschutz bei Schlachtern Verwendung findet. Eine nette Sache, denn dieser Ringreiniger ist zwar kraftvoll, aber nicht zu scharfkantig, hält ewig und ist auch noch als Untersetzer zu verwenden. Der größte Vorteil gegenüber den Schwämmen aus Stahlspiralen ist die Tatsache, dass er sich auch dann noch gut reinigen lässt, wenn er durch Fett und Ruß komplett verschmiert ist (s. S. 25).

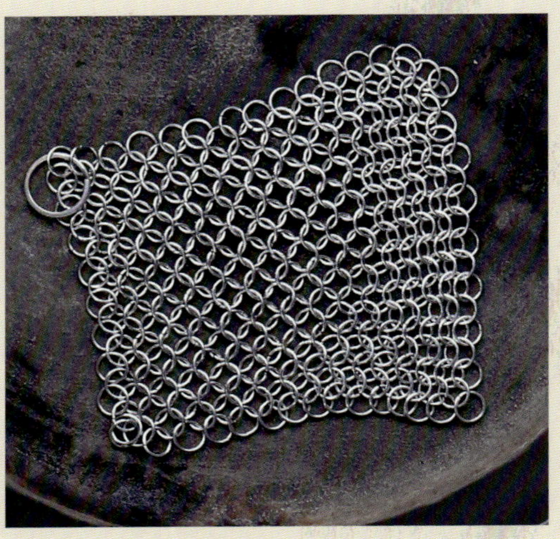

Einsatzrost und Stapelrost

Für einige Dutch Oven gibt es Einsatzroste, sogenannte „Meat Trivets". Eigentlich sind diese nicht notwendig. Wer Angst hat, dass der Braten anbrennt, legt unten in den Topf zwei Karotten oder halbierte Kartoffeln, sodass der Braten so lange über dem Topfboden gehalten wird, bis sich genug Bratensaft gebildet hat. Die Karotten sind dann meist gar und der Braten gleitet wie von selbst in den Sud. Um eine Pizzaform oder Auflaufform vom Boden zu bekommen, können Sie auch drei Muttern oder Steine in den Dutch Oven legen.

Ein Stapelrost (s. S. 39 Mitte) mit etwa 4 cm hohen Beinen ist dagegen gut geeignet, um Fisch oder Fleisch beim Heißräuchern über dem Räuchermehl zu halten. Weiterhin können Sie mit diesen Rosten auf der Glut Steaks braten und erhalten schöne Brandings.

Siebschaufel

Beim Kochen mit Glut aus dem Lagerfeuer ist eine Siebschaufel sehr praktisch. So verhindern Sie, dass Sand und Asche, die nun mal nicht heizen, auf dem Dutch Oven landen und im ungünstigsten Fall auch noch die schon vorhandenen Kohlen ersticken.

Atago und Dutch Oven

Thermometer

Beim Garen mit dem Dutch Oven ist gerade für den Einsteiger die Kontrolle der Kerntemperatur ein gutes Hilfsmittel. Viele Dutch Oven bieten bereits ab Werk eine Durchführung für einen Temperaturfühler. Ich bevorzuge ein digitales Einstichthermometer, das ich einfach in der Hand halte und dann die Temperatur ablese. Beim Einstechen des Fühlers merkt man sofort, ob das Fleisch schon weich geworden ist. Mit diesen Geräten sollte man aber nicht alle fünf Minuten in den Braten stechen, um sich dann hinterher über den Saftverlust zu beklagen. Wer den Prozess ständig überwachen möchte, sollte zu einem Thermometer mit separatem Fühler greifen. Diese Geräte sind mit allen denkbaren Funktionen ausgestattet. Sie messen die Kerntemperatur, die Ofentemperatur, die Zeit, zeichnen den Temperaturverlauf auf, geben alle Daten an ein Smartphone weiter und machen sich bei Erreichen der Zieltemperatur und bei Über- bzw. Unterschreiten der Ofentemperatur bemerkbar. Leider macht das die Benutzung für die nicht so technikaffine Bevölkerung zur echten Herausforderung.

Gerade beim Üben und den ersten Gehversuchen ist ein Thermometer eine riesige Hilfe. Ohne dieses Hilfsmittel hätten sich mir viele Dinge beim Kochen mit dem Dutch Oven nicht erschlossen. Da glaubt man, dass man jetzt den Krustenbraten aufknuspern könne, denn weich ist er bereits und die Kohlen glühen vor sich hin, aber ein Blick mit dem Infrarot-Thermometer zeigt ganz genau, dass der Deckel gerade mal 170 °C heiß ist, weil die Kohle nichts taugt. Dann wird das natürlich nichts mit der 300 °C Oberhitze. Oder beim Einstechen merkt man, dass der Braten außen zwar braun und knusprig erscheint, aber innen noch kalt und roh ist.

Es gibt verschiedene Thermometer-Modelle, die man für das Kochen mit dem Dutch Oven verwenden kann. Fangen wir mit dem Einfachsten an: Discounter haben immer wieder analoge Einstichthermometer im Angebot, die man im Dutch Oven lassen kann. Eine tolle Sache, aber Sie sollten diese einmal vorher in kochendes Wasser tauchen, um zu sehen, ob die 100 °C Anzeige auch wirklich 100 °C sind. Weiter gibt es Backofenthermometer, die man in den Backofen stellen kann. Diese sind nicht so toll, weil sie die Hitze vom Boden aufnehmen und daher die Anzeige verfälschen.

Als preislich interessante Lösung muss ein digitales Einstichthermometer vorgestellt werden, bei Preisen um die 30 Euro ist es durchaus erschwinglich. Viel wichtiger als die tatsächliche Kerntemperatur ist jedoch das Gefühl beim Hineinstechen: Spürt man die einzelnen Muskelhäute oder ist das Gefühl eher wie bei einem Hackbraten? Ein solches Thermometer gehört bei jedem Koch in die Hosentasche. Sie können es auch bei Dutch Oven verwenden, die keine Durchführung für eine Kabelsonde vorgesehen haben.

Die nächste Stufe ist ein Thermometer mit einer Sonde an einem Kabel, das man durch die vorbereiteten Aussparungen am Topf und Deckel in das Innere führen kann. Vorzugsweise ein Modell, das neben der Kerntemperatur an der Spitze der Sonde zusätzlich die Garraumtemperatur misst. Leider gibt es in diesem Bereich kaum simple Modelle, die nur die Temperatur anzeigen. Ich als Praktiker wünsche mir ein Thermometer mit Kabel, das die Ofen- und die Kerntemperatur anzeigt und nur einen Schalter für „an" und „aus" besitzt. Reicht mir völlig und ich möchte mein Thermometer nicht erst programmieren. Weniger Features einzubauen kostet genauso viel wie mehr und „mehr" ist häufig ein Verkaufsargument und daher wird es gemacht. Ein Schwachpunkt bei diesen Geräten ist das Kabel, das gerne mal bei großen Dutch Oven eingeklemmt und dabei zerstört wird. Wenn Sie die Garraumtemperatur messen wollen, dann stechen Sie den Fühler in eine große Kartoffel, sodass er nirgends an der Wandung anliegt und durch direkten Kontakt die Temperatur aufnimmt.

Das nächste Modell ist ein Infrarot-Thermometer, mit dem Sie berührungslos messen können. Es bringt eine Menge Informationen und wer sich intensiver mit dem Kochen am Feuer und im Dutch Oven befasst, der sollte sich ein solches zulegen. Leider werden aus Unkenntnis viele Fehlkäufe getätigt. Ist beim Discounter ein Infrarot-Thermometer für knapp 20 Euro im Angebot, dann wird zugeschlagen. Dass dieses nur bis 100 °C messen kann, fällt im Kaufrausch erstmal gar nicht auf. Die Messzelle ist das Teuerste an dem ganzen Gerät. Je höher die Temperatur, die man messen möchte, desto teurer ist die Messzelle und damit das komplette Gerät. Sie brauchen einen Temperaturbereich, der deutlich über 400 °C liegt. Um Kohlen zu messen, brauchen Sie schon eher 800 °C. Da fehlt an 100 Euro nicht viel. Aber besser 100 Euro ausgeben für ein Gerät, das seinen Dienst leistet, als 20 Euro für ein Gerät, das genauso aussieht, aber nicht in den Bereichen messen kann, die interessieren.

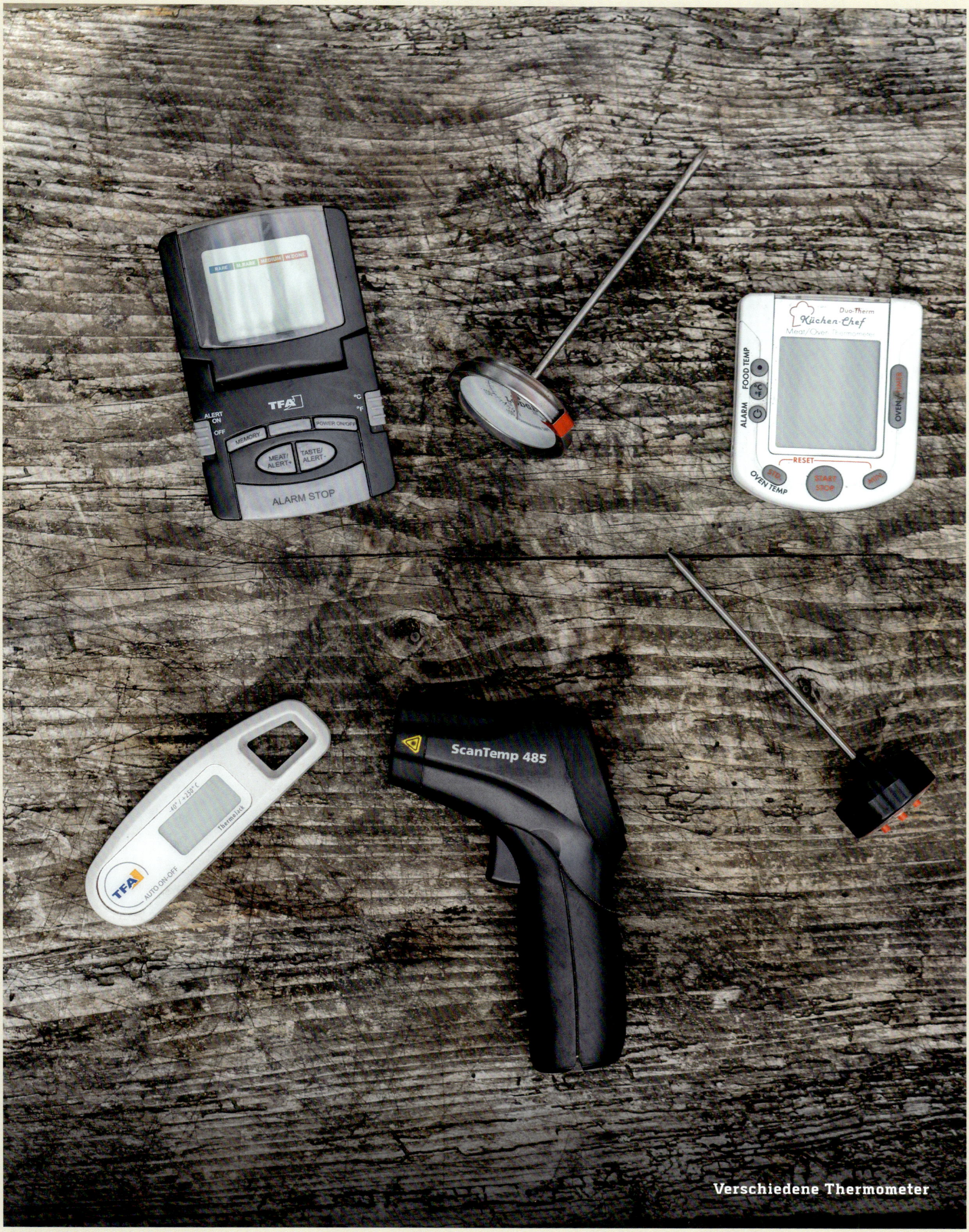

Verschiedene Thermometer

Pfannenknecht/ Deckelständer

Einige Hersteller von Dutch Oven bieten auch Deckelständer an. Einerseits, um den heißen Deckel nicht ins Gras legen zu müssen und andererseits, um ihn umgedreht als Bratpfanne nutzen zu können. Wenn Sie nur eine Unterlage brauchen, dann reicht ein flacher Untersetzer aus. Um aber richtig braten zu können, sollten Sie einen höheren Pfannenknecht (s. S. 38) nutzen und mit Holz anheizen. Sie können den Pfannenknecht am Feuer auch wunderbar in Kombination mit einer Bratpfanne verwenden.

Kühlbox

Zu jeder guten Outdoor-Küche gehört eine ordentliche Kühlbox. Nicht nur, damit das Fleisch und die anderen Lebensmittel im Sommer nicht zu warm werden. Auch für das Ruhenlassen von Fleischstücken ist eine solche Kiste unverzichtbar. Milchreis wird im Dutch Oven nur angekocht und verschwindet dann ebenfalls gut isoliert in der Thermobox, wo er schonend und unbeaufsichtigt weitergart. Ist die Kiste auch noch so groß und stabil, dass man sich draufsetzen kann, dann ist sie sogar noch wertvoller für den Ablauf des Kochens. Die amerikanischen Kühlboxen sind extra so gestaltet, dass man sich immer draufsetzen kann, während die europäischen Modelle eher für das Catering gedacht sind, sich daher stapeln lassen und meist auf Gastronorm-Bleche zugeschnitten sind. Wer sein Fleisch liefern lässt, der wird mit Thermoboxen kostenlos beliefert. Einige davon sollte man immer in der Hinterhand haben, auch um Gästen Essen mitzugeben.

Ascheeimer

Wenn Sie die Kohle sicher entsorgen wollen, dann geht um einen Kohleneimer aus Metall mit dicht schließendem Deckel kein Weg vorbei. Die Kohlen sollten niemals am selben Tag in den Müll oder auf den Kompost gegeben werden. Schütten Sie die Asche und die Reste der Briketts in einen Metalleimer und schließen Sie den Deckel. Nach einem oder zwei Tagen, wenn die Asche komplett ausgekühlt ist, können Sie diese wegschütten. Dieser Zwischenschritt ist notwendig, um Brände zu verhindern.

Kalte Getränke und ein heißes Feuer – eine gute Kombination.

Dutch-Oven-Feuerstelle

Je mehr sich das Kochen mit dem Dutch Oven etabliert, desto mehr Menschen machen sich darüber Gedanken und bauen Feuerstellen. Bei vielen fragt man sich, warum diese Menschen überhaupt draußen kochen wollen, denn die Konstruktion könnte auch in einer Luxus-Küche auftauchen. Bei anderen Bauwerken sieht man den Pragmatiker mit beschränktem Budget, der fehlenden Reichtum mit Bauernschläue und handwerklichem Geschick kompensiert. Momentan sind die festen Kochstellen aus Betonsteinen in Mode, ab und zu auch einige fliegende Bauten aus gelaserten Blechen, die zusammengesteckt werden und den Topf aufnehmen. Wieder andere improvisieren, nutzen einen Kugelgrill oder eine Lagerfeuerstelle und kochen auf der Erde. Ganz gleich, welche Konstruktion Sie für sich wählen, sie muss auf jeden Fall stabil und standfest sein, denn mit zehn Litern heißer Suppe und einem großen Dutch Oven ist nicht zu spaßen, gerade, wenn Kinder bei der Kochstelle herumtoben – und das werden sie, wenn dort ein Feuer brennt.

Schamottesteine sind beim Bau einer Dutch-Oven-Feuerstelle nicht notwendig, nicht einmal, wenn Sie mit Feuer arbeiten. Normale Steine halten das locker aus.

Dutch-Oven-Feuerstelle

Erdofen

Der Dutch Oven ist neben vielen anderen Garmethoden für den Einsatz im Erdofen prädestiniert. Ein solcher Erdofen benötigt lediglich 1 x 1 m Grundfläche (inklusive Abdeckung) und einige Ziegelsteine. Der Trick bei einem Erdofen ist, dass die Speise nach dem Kochen in dem Ofen vergraben und erst nach 12 Stunden wieder herausgeholt wird. In der Zwischenzeit gart die Speise nach und die Aromen verteilen sich. Bei Bohnen oder Fleischgerichten mit einer langen Garzeit bietet sich der Erdofen an. Feuern Sie zunächst den Ofen unten an und garen Sie die Speise über dem Erdofen in den Flammen im darüber hängenden Dutch Oven. Sobald die Bohnen gar sind – nach etwa zwei Stunden – ist auch der Erdofen voll mit glühenden Kohlen, die dann zur Hälfte herausgeschaufelt werden. Setzen Sie den Dutch Oven ein und füllen Sie die restlichen glühenden Kohlen auf den Topf. Dann folgt noch eine Lage der ausgeglühten Kohle vom letzten Mal und dann wird der Deckel geschlossen. Dichten Sie mit etwas Sand den Rand des Deckels, damit kein Rauch hervordringt, denn dort kommt auch Sauerstoff hinein und sorgt dafür, dass der Erdofen nach wie vor glüht, was viel zu heiß wäre. Ziel ist es, die Glut durch Sauerstoffmangel zu ersticken und den Topf nur noch durch die gespeicherte Hitze der Wände des Erdofens garen zu lassen. Sollte noch Luft an die Glut kommen, haben Sie am nächsten Tag einen Fingerbreit schwarze Asche im Dutch Oven.

Die benötigte Anzahl der Ziegelsteine und der Platzbedarf sind abhängig von der Größe des Dutch Oven.

Die benötigte Größe wird mit Sand markiert.

In das Loch werden hochkant Ziegelsteine gestellt.

Wenn alles passt, werden die Zwischenräume mit Erde verfüllt, das Feuer entzündet und ein Dreibein darüber gestellt.

Der fertige Erdofen

REZEPTE

Allgemeine Informationen

Das Kochen im Dutch Oven ist an sich nicht schwierig. Die Steuerung der Temperatur ist gerade für Einsteiger der schwierigste Teil. Ein guter Dutch-Oven-Koch hat nicht etwa mehr Talent, sondern lediglich mehr Übung. Wer in der heimischen Küche ein schlechter Koch ist, der wird mit einem Dutch Oven auch nicht glücklich, denn der Topf kocht nicht allein.

Bei den Rezepten haben wir für Sie neben der Anzahl der Portionen auch die benötigte Hitze angegeben. Es gibt nur noch drei Temperaturstufen: Wenig Hitze, mittlere Hitze und starke Hitze. Als Ausnahme kommt das Überbacken hinzuzu, bei dem so viele Kohlen auf den Topf platziert werden, wie draufpassen.

Bei einigen Rezepten haben wir noch die Zeitangaben für Vorbereitung und Zubereitung sowie die Garzeit ergänzt. Das ist bei einigen Gerichten möglich und sinnvoll, bei anderen jedoch Unfug und wir haben es dort weggelassen. Bei Massengerichten haben wir die Menge für eine Person angegeben, um Ihnen das Umrechnen zu erleichtern. Bei den meisten Rezepten haben wir die Anzahl der Portionen angegeben, bei anderen die Stückzahl, wie bei den gefüllten Paprika. Hier kann man nur schlecht entscheiden, ob die Gäste ein oder zwei Stück essen. Bei den Chicken-Wings ist das ähnlich. Als Vorspeise rechnet man 6 Stück, als Hauptgericht 24 Stück. Hier muss jeder Koch selbst entscheiden, wie weit er mit den vorgeschlagenen 20 Stück kommt.

Eine feine Küchenwaage ist beim Outdoor-Kochen nicht so praktisch. Darum haben wir bei den Rezepten, wo es sinnvoll war, Tassen angeben. Eine Tasse entspricht 200 ml.

Versuchen Sie nicht, alles im Dutch Oven zubereiten zu wollen. Es gibt Dinge, für die er einfach nicht gedacht ist. Beispielsweise Nudeln zu kochen, oder delikaten Fisch, der nur eine kurze Garzeit benötigt. Mit den Nudeln kochen Sie die Patina weg und auf dem Wasser schwimmen dann komische Sachen und lustige Fettaugen. Bei Fisch sind Sie meist mit einer normalen Pfanne deutlich besser bedient.

Ein Dutch Oven ist ein Bräter für das offene Feuer und keine vollautomatische Küchenmaschine mit Kochfunktion. Trotzdem macht es Spaß, die Grenzen auszutesten und auch zu überschreiten, aber als Anfänger sollten Sie sich zunächst auf die Kernkompetenz beschränken: Langes Garen von Fleisch oder Stews und Backen.

Im Zweifelsfall sollten Sie ein Rezept erst einmal in der geschützten Umgebung der heimischen Einbauküche testen. Sich ohne jemals einen Hefeteig gebacken zu haben an ein Brot mit langer Sauerteigführung am Lagerfeuer heranzuwagen ist – gelinde gesagt – sehr sportlich.

Wie benutzt man diese Rezepte?

Ganz einfach: als Idee. Bei den Rezepten haben wir die Angaben so einfach wie möglich und so genau wir nötig gemacht. Bei vielen Gerichten lässt sich einfach keine genaue Angabe zu den Garzeiten machen, da zu viele Faktoren eine Rolle spielen. Auch sind das Talent und die Übung des Kochs nicht unerheblich für das Gelingen des fertigen Gerichts.

Einige Gerichte werden mit Speck bzw. Bacon gegart. Hier ist es nicht einfach, die notwendige Menge Salz festzulegen, weil ich natürlich nicht wissen kann, wie viel Salz Ihr Speck an das Gericht abgibt. Bei anderen Gerichten kommt es auf die Zutaten an: Handelt es sich um ein junges Tier oder um ein altes, zähes? Wenn bei mir die Kartoffeln nach einer halben Stunde weich sind, bei Ihnen aber nicht dann sollten Sie nicht das Kochen abbrechen und harte Kartoffeln essen, sondern selbstredend so viel Zeit zugeben, bis die Zutaten allesamt gar und weich sind.

Solche kleinen Abwandlungen betreffen nicht nur die Garzeiten, sondern auch die Zutaten und mögliche Allergene, viele Sachen lassen sich aber ganz einfach ersetzen. Wer eine Sauce béarnaise aus dem Tetrapack nicht mag, dem ist es nicht verboten, diese Sauce selbst aus frischen Zutaten aufzuschlagen. Wer gegen Milch allergisch ist, der lässt eben das Rezept weg oder ersetzt die Milch durch Soja- oder Kokosmilch. Zum Thema Fertiggerichte muss ich noch sagen, dass für viele Menschen Worcestershiresauce, Sojasauce, Austernsauce oder Terijakisauce in Ordnung sind, Maggi aber nicht. Auch wird der Wasabi oder der grüne Pfeffer wie selbstverständlich verwendet, eine Sauce béarnaise aus dem Tetrapack bei einer Veranstaltung im Hochsommer im Wald ist jedoch nicht in Ordnung.

Bei den Gewürzen ist es das Gleiche: was Ihnen nicht schmeckt, können Sie gerne austauschen. Aber einige Gewürze sind nun einmal bestimmend für den Geschmack, wie beispielsweise der Kreuzkümmel im Döner oder der Estragon in der Béarnaise. Sie können die Zutaten zwar weglassen, aber dann müssen Sie sich auch die Anmerkung gefallen lassen, dass der Döner nicht nach Döner und die Béarnaise wie eine Hollandaise schmeckt.

Bei den Rückmeldungen zum ersten Dutch-Oven-Kochbuch kamen immer wieder Hinweise, dass die Gartemperatur, die Dauer und die Zahl der Kohlen nicht genau angegeben sind. Dazu muss man sagen, dass es sich beim Kochen mit dem Dutch Oven schon um die höheren Weihen der Lagerfeuerküche handelt. Sicherlich gibt es einfache Rezepte, die auch gut nachzukochen sind und recht konstante Ergebnisse liefern. Suppige Gerichte sind meist einfach, denn sie kochen bei 100 °C, da kann dann nicht mehr viel schief gehen, aber um einen Braten zu garen benötigen Sie Energie, die von den Kohlen auf den Topf übertragen und von diesem wiederum an den Braten abgegeben wird. Dabei ist die Übertragung durch den heißen Boden direkt auf den Braten natürlich intensiver als durch die Strahlungshitze des Deckels. Liegt der Braten dann noch in einer Sauce, wird er schneller garen als auf einem Rost. Weiterhin sollten Sie bedenken, dass die Hitze eine gewisse Zeit benötigt, um sich im Braten auszubreiten. Viel Hitze durch mehr Kohlen sorgt nur dafür, dass der Braten außen verbrennt und innen noch nicht gar ist. Wenn ein Braten bei 200 °C zwei Stunden braucht, dann heißt das eben nicht, dass er bei 400 °C nur noch eine Stunde und bei 800 °C nur noch eine halbe Stunde braucht. Generell kann man sagen, dass ein Braten, der in der Küche bei 180 °C im Ofen drei Stunden braucht, im Dutch Oven bei 180 °C auch drei Stunden braucht. Im Dutch Oven kommt es aber häufiger dazu, dass die Temperatur abfällt, weil die Kohlen ausglühen und dadurch kälter werden. Um mit dem Zeitplan besser zurechtzukommen, sollten Sie lieber eine Stunde früher mit dem Kochen beginnen und dann, falls das Fleisch zu früh gar sein sollte, einfach nur mit einigen Kohlen warmhalten.

Haben Sie einfach Spaß am Kochen und lassen Sie sich nicht verrückt machen. Erlaubt ist, was Ihnen schmeckt. Das Kochen im Freien, mit Feuer und Glut ist eben einfach etwas anderes als das Induktionskochfeld in der klimatisierten Küche anzuschmeißen.

Gut zu wissen:

Eine grobe Regel besagt:
Für das erste Kilogramm Gewicht eine Stunde Garzeit, jedes weitere Kilogramm eine halbe Stunde länger.

FRÜHSTÜCK

Blaubeer-Pancakes

Zutaten

2 Tassen Mehl

400 ml Buttermilch

2 Eier

1–2 EL Zucker, nach Geschmack

1 EL Backpulver

Heidelbeeren/Blaubeeren, frisch

Ahornsirup

Butter zum Braten

In Amerika sind Blaubeerpfannkuchen ein beliebtes Gericht zum Frühstück. Die Pfannkuchen werden etwa in der Größe eines Bierdeckels gebacken, damit auf dem Teller noch Platz für andere Leckereien ist. Das bleibt aber Ihrem Geschmack überlassen. Die frischen Blaubeeren werden in den Teig eingebacken, aber nur sparsam, damit der Pfannkuchen noch zusammenhält. Wenn Sie nur eingemachte Blaubeeren zur Verfügung haben, dann werden diese nach dem Backen über den Pfannkuchen gegeben.

So wird's gemacht

Bereiten Sie aus dem Mehl, der Buttermilch, den Eiern, dem Zucker und dem Backpulver einen Pfannkuchenteig. Streuen Sie die gewaschenen Blaubeeren in den Teig. Erhitzen Sie etwas Butter in einem Dutch Oven (oder im Deckel) und geben Sie den Pfannkuchenteig mithilfe einer kleinen Schöpfkelle so hinein, dass etwa bierdeckelgroße Pancakes entstehen. Achten Sie darauf, in jede Portion einige Blaubeeren einzubacken.

Mountain Man Breakfast

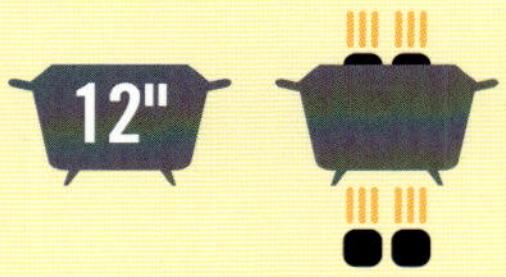

Zutaten pro Person

½ Tasse Hackfleisch, halb und halb, gewürzt (oder grobe Bratwurst, aus dem Darm gedrückt)

½ Tasse Kartoffeln, gekocht, gewürfelt

½ Tasse würziger Käse (Cheddar/Emmentaler), gerieben

½ Zwiebel, gewürfelt

½ Paprika, gewürfelt

3–4 Eier

2 EL Milch

etwas Knoblauch

Pfeffer und Salz

Öl/Butter zum Anbraten

In jedem Buch zum Thema Dutch Oven muss ein Rezept zum Mountain Man Breakfast auftauchen, sonst wird es in Amerika verboten – zumindest macht es den Anschein. Hierzulande heißt es Bauernfrühstück und wird mit weniger Eiern und ohne Käse in einer Pfanne zubereitet. Die Kalorienmengen, die man bei der amerikanischen Version zum Frühstück zu sich nimmt, sind beachtlich. Zum Mittag gibt es traditionell nur etwas Toastbrot und Aufschnitt, die nächste warme Mahlzeit ist das Abendbrot, wo wieder richtig zugelangt wird. Für das Mountain Man Breakfast benötigen Sie für 2 Personen einen 10" Dutch Oven, für 4–6 Personen einen 12" Dutch Oven und für 8–10 Personen einen 14" Dutch Oven. Es handelt sich um eine Mischung aus Kartoffeln, Hackfleisch Zwiebeln, Paprika und was einem noch so gefällt, die mit verquirlten Eiern übergossen und gebacken wird. Das Gericht sollte nur höchstens drei Fingerbreit hoch sein, damit es auch ordentlich durchbäckt.

So wird's gemacht

Geben Sie das Hackfleisch und etwas Öl oder Butter in den Dutch Oven und braten Sie das Fleisch gut durch. Nehmen Sie das Mett heraus und geben Sie die Kartoffeln, die Zwiebeln, den Knoblauch und die Paprika in den Dutch Oven und braten alles an, sodass die Kartoffeln braun werden und die Zwiebeln und die Paprika weich. Dann mischen Sie das Mett unter. In einer Schüssel verquirlen Sie die Eier mit der Milch sowie Salz und Pfeffer und geben diese Mischung zu den anderen Zutaten in den Dutch Oven. Backen Sie das Mountain Man Breakfast mit mittlerer Ober- und Unterhitze etwa 30 Minuten, bis die Eier durchgehend gestockt sind. Dann geben Sie den Käse über die Masse, legen die Kohlen von unten mit auf den Deckel und überbacken das Frühstück, bis der Käse zerlaufen und leicht gebräunt ist.

Mountain Man Breakfast

Frittata mit Pilzen und Frühlingszwiebeln

Ein italienisches Omelette, ideal fürs Frühstück. Sie kann aber auch kalt oder warm als Vorspeise oder Hauptgericht serviert werden.

Zutaten

10 Frühlingszwiebeln, in Ringe geschnitten

400 g Champignons

10 Eier

½ Tasse Parmesan, gerieben

Salz und Pfeffer

Olivenöl zum Braten

So wird's gemacht

Vierteln Sie die Pilze und geben Sie sie mit den geschnittenen Frühlingszwiebeln und etwas Öl in einen 10" Dutch Oven. Braten Sie alles kräftig an. Schließen Sie den Deckel und lassen Sie das Gemüse weich werden. Nebenher mischen Sie die Eier mit Pfeffer und Salz. Sobald das Gemüse weich ist, geben Sie die Eimasse in den Topf und den geriebenen Parmesan darüber. Mit wenig Hitze unter und auf dem Topf lassen Sie die Eimasse 10 Minuten stocken. Sollte das Gericht gar sein, aber der Käse will nicht bräunen, dann nehmen Sie den Topf von der Unterhitze und legen Sie die Kohlen noch mit auf den Deckel.

Eier Benedict im Dutch-Oven-Style

Eier Benedict sind ein bekanntes Frühstück in Amerika, bestehend aus pochierten Eiern, Schinken und Sauce Hollandaise.

Zutaten

12 Scheiben Toastbrot

300 g gekochter Schinken

8 Eier

2 Tassen Milch

1 EL Senf

1 EL Zitronensaft

Salz und Pfeffer

Petersilie oder Schnittlauch

Zutaten Hollandaise

8 Eigelb

2 EL Zitronensaft

600 g Butter, geschmolzen

8 EL Wasser

1 Glas Weißwein

Salz

So wird's gemacht

Schneiden Sie das Brot und den Schinken in Stücke von 2 x 2 cm. Vermischen Sie das Brot und den Schinken und geben Sie diese Mischung in einen 10" Dutch Oven. Vermischen Sie die Eier mit der Milch, dem Zitronensaft und dem Senf und schmecken Sie mit Salz und Pfeffer ab. Diese Mischung geben Sie über das Brot im Dutch Oven und lassen es mindestens ½ Stunde stehen, damit das Brot gut durchweichen kann.
Backen Sie das Gericht mit wenig Hitze unten und oben etwa eine halbe Stunde, bis die Eimasse komplett durchgegart ist.
In der Zwischenzeit können Sie die Sauce Hollandaise vorbereiten. Das Eigelb mit dem Zitronensaft, etwas Wasser oder Weißwein und Salz in einen kleinen Topf oder Dutch Oven geben und die geschmolzene Butter unter kräftigem Schlagen unterrühren.
Auf dem Teller geben Sie die Hollandaise über die Ei-Brotmasse und krönen das Ganze mit gehackter Petersilie oder Schnittlauchröllchen.

TIPP *Eine fertige Hollandaise aus dem Tetrapack ist gerade im Sommer (von der Salmonellengefahr her) unbedenklich, da sie pasteurisiert ist. Bei rohen Eiern hingegen müssen Sie sehr vorsichtig sein.*

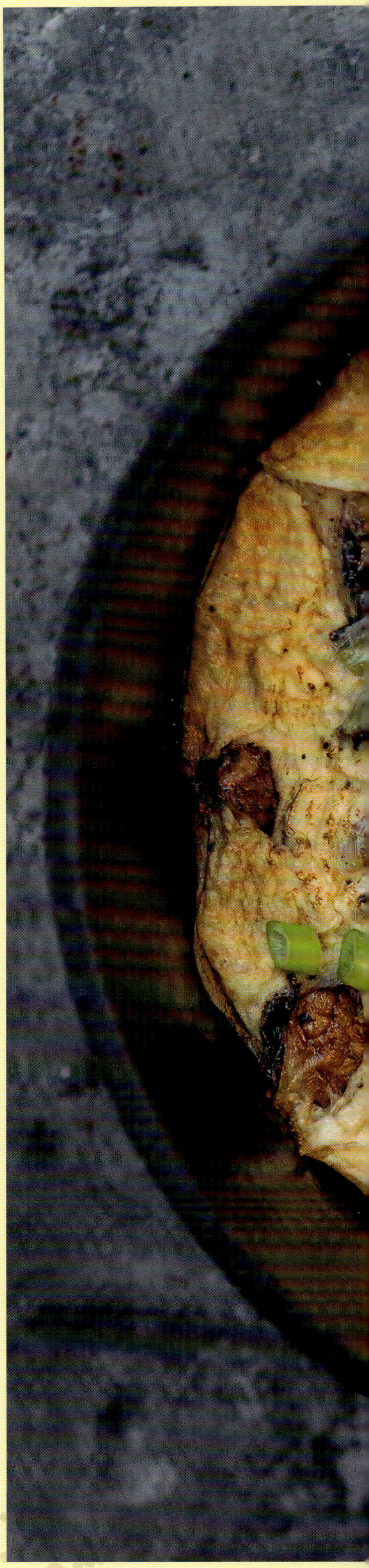

Frittata mit Pilzen und Frühlingszwiebeln

Hoppelpoppel Camping-Style

10" | Port. 2-4

Zutaten

**4 Kartoffeln, groß, gekocht,
in ca. 1½ cm große Stücke geschnitten**

**4 Tassen Bratenreste,
in ca. 1½ cm große Stücke geschnitten**

2 Zwiebeln, gehackt

1 Paprika, gewürfelt

4 Eier

Gewürze nach Geschmack: Petersilie, Majoran, Kümmel, Pfeffer und Salz

Fett zum Braten

Dieses Berliner Resteessen ist ein ideales kräftiges Frühstück. Es besteht aus gekochten Kartoffeln, Bratenresten und was man sonst noch so hat. In einem 10" Dutch Oven bekommt man gut 4 Portionen unter.

So wird's gemacht

Schwitzen Sie im Dutch Oven die gehackten Zwiebeln und die klein gewürfelte Paprika an, geben Sie die Kartoffelstücke und die Bratenreste dazu und schmecken Sie das Ganze herzhaft ab. Sobald die Zutaten Farbe bekommen haben, streichen Sie die Oberfläche glatt und drücken 4 Vertiefungen in die Masse. In diese schlagen Sie je ein Ei und lassen es dann mit wenig Hitze von unten und mit starker Hitze auf dem Deckel stocken.

Hoppelpoppel Camping-Style

SUPPEN UND EINTÖPFE

Ochsenschwanzsuppe

12" Port. 2-4

Zutaten

1 kg Ochsenschwanz

200 g Speck, gewürfelt

1 Karotte, gewürfelt

1 Petersilienwurzel, gewürfelt

½ Selleriewurzel, gewürfelt

2 Zwiebeln, gewürfelt

2 EL Tomatenmark

10 Pfefferkörner

5 Pimentkörner

2 Lorbeerblätter

1 EL getrockneter Majoran

1 Glas Rotwein

Mehl

Madeira zum Abschmecken

Wasser

Pfeffer und Salz

Fett zum Anbraten

Eine klare Ochsenschwanzsuppe ist ein Klassiker der feinen Küche, dort aber in der geklärten Version. Der Dutch Oven ist geradezu prädestiniert dazu, aus dem zähen und bindegewebsreichen Ochsenschwanz ein herrliches Gericht zu zaubern. Sie brauchen die Suppe nicht zu klären, das würde die Möglichkeiten draußen auch übersteigen.

So wird's gemacht

Wässern Sie den Ochsenschwanz eine Stunde in Salzwasser. Wälzen Sie die Stücke rundum in Mehl und braten Sie den Schwanz von allen Seiten kräftig in dem Fett an. Geben Sie den gewürfelten Speck dazu und im Anschluss das gewürfelte Gemüse und das Tomatenmark. Braten Sie alles gut an, geben Sie die Gewürze dazu und löschen Sie mit dem Rotwein ab. Gießen Sie mit Wasser auf, sodass alle Stücke komplett bedeckt sind. Mit wenigen Kohlen von unten und ohne Oberhitze lassen Sie die Suppe wenigstens 3 Stunden simmern, bis das Fleisch von den Knochen fällt und sich das Bindegewebe aufgelöst hat. Nehmen Sie das Fleisch aus der Brühe und lassen es abkühlen, bis Sie es anfassen können. Dann sammeln Sie das Fleisch von den Knochen, schneiden es in mundgerechte Stücke und stellen es warm. Geben Sie die Brühe mit dem Gemüse durch ein Sieb und wieder zurück in den Dutch Oven. Das Gemüse können Sie entsorgen, es hat seine Schuldigkeit getan und den Geschmack an die Suppe abgegeben.
Geben Sie das Fleisch zurück in die Brühe und schmecken Sie mit Madeira, Pfeffer und Salz ab. Sie können die Suppe mit Welsh Rarebits (s. S. 136) oder Toast servieren.

TIPP

Sie können statt Ochsenschwanz auch sehr gut einen Hals vom Rehwild als Grundlage nehmen, so wird dieses eher verschmähte Stück eine wirkliche Delikatesse.

Erbseneintopf

ft18 Port. 40

Zutaten

3 kg Erbsen, getrocknet

3 kg Schweinefleisch (Schulter oder Kasselernacken mit Bauchfleisch gemischt), in mundgerechte Stücke geschnitten

2 kg Kartoffeln, geschält, gewürfelt

500 g Zwiebeln, gewürfelt

300 g Selleriewurzel, gewürfelt

300 g Karotte, gewürfelt

300 g Lauch, in Ringe geschnitten

300 g Rippenspeck, gewürfelt

2 TL Majoran, nach Belieben

10 l Wasser

1 TL Pfeffer

Salz nach Geschmack, da der Speck auch schon salzig ist

„Eine richtige Erbsensuppe isst man mit der Gabel" – damit wäre auch klar, dass es sich dabei um ein vollwertiges Gericht handelt. Für Vegetarier lassen Sie einfach das Fleisch weg und geben stattdessen eine halbe Stunde vor Garzeitende die gleiche Menge an gewürfelten Kartoffeln dazu.

So wird's gemacht

Die Erbsen am Vorabend in ein großes Behältnis geben und in reichlich Wasser einweichen. Am nächsten Tag die Erbsen mit der Flüssigkeit in einen Dutch Oven bzw. Potjie geben und zum Kochen bringen. Das kleingeschnittene Fleisch nach dem ersten Aufkochen dazugeben und den entstandenen Schaum abschöpfen. Salzen und pfeffern und 1½ Stunden kochen lassen. Den Speck und das Gemüse in Würfel schneiden. In einer Pfanne oder einem Dutch-Oven-Deckel zuerst den Speck auslassen, dann die Zwiebeln andünsten und danach das Gemüse. Das angedünstete Gemüse in die Suppe geben. Eine ½ Stunde vor Ende der Kochzeit die Kartoffelwürfel zugeben und mitkochen lassen.
Anfangs ist die Suppe noch wässrig, mit der Zeit lösen sich die Erbsen aber auf und die Suppe wird sehr dickflüssig. Jetzt sollten Sie aufpassen, dass sie nicht ansetzt und anbrennt. Sie können ruhig die Schwarten und Knochen von dem Fleisch mitkochen, sollten diese aber vor der Ausgabe herausfischen. Wenn Sie Würstchen dazu reichen wollen, dann sollten Sie diese entweder in einem separaten Kessel erhitzen, oder sie in mundgerechte Stücke schneiden und direkt in die Suppe geben. So lassen sie sich auch einfacher essen.

TIPP

Bei Suppen ist es immer schwierig, das Salz genau abzustimmen, aber mit 20 Gramm pro Liter sind Sie schon auf der richtigen Spur. Wiegen Sie das benötigte Salz aus und geben Sie zunächst die Hälfte dazu, schmecken Sie dann ab, dann wieder die Hälfte von dem, was Sie noch übrig haben, und so fort. Zugeben funktioniert immer, herausnehmen nie!

Ochsenschwanzsuppe

Rouladentopf

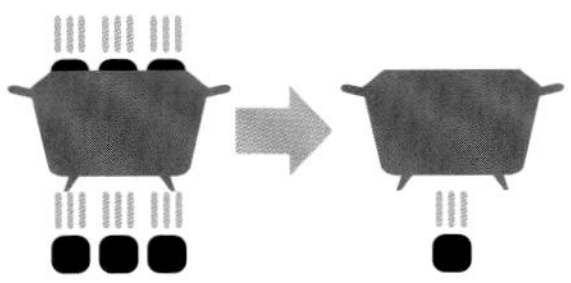

Zutaten pro Person

200 g Rouladenfleisch

50 g Speck, in Streifen

½ saure Gurke, in Scheiben geschnitten

½ Zwiebel, in Ringe geschnitten

100 ml Brühe

100 ml Sahne

Senf zum Bestreichen

Pfeffer und Salz

Öl zum Anbraten

Rinderrouladen sind ein Höhepunkt der deutschen Hausfrauenküche. Durch die lange Schmorzeit eignen sie sich hervorragend für einen Dutch Oven. Selbstverständlich können Sie die Rouladen ganz klassisch vorbereiten, anbraten und verteilen. Aber meist haben die Gäste unterschiedlichen Appetit, sodass für den einen eine Roulade zu viel und für den anderen zu wenig ist. Schichten Sie die Zutaten der Rouladen in einen Dutch Oven und jeder nimmt sich mit einem Löffel so viel wie er mag.

So wird's gemacht

Ölen Sie den Boden des Dutch Ovens ein. Das Rouladenfleisch schneiden Sie in Stücke, so groß wie eine Spielkarte, dann lässt es sich später besser portionieren. Bestreichen Sie das Fleisch von beiden Seiten mit Senf und würzen Sie es mit Pfeffer und Salz. Legen Sie eine Schicht Fleisch in den Topf, darauf Zwiebelringe, Speckstreifen und Gurkenscheiben. Dann wieder Fleisch, Zwiebelringe etc., bis Sie mit Rouladenfleisch abschließen. Nutzen Sie starke Hitze unter sowie auf dem Topf und braten Sie den Inhalt an, bis die Fleischoberfläche gebräunt ist. Achten Sie dabei auf die unterste Schicht im Topf, um sie nicht zu verbrennen. Sobald sich die Röstaromen entwickelt haben, gießen Sie die Brühe dazu und schmoren das Gericht mit wenig Hitze von unten erst mal 2 Stunden. Dann sollten Sie testen, ob das Fleisch schon weich und die Sauce richtig gewürzt ist. Sobald das Fleisch weich ist, gießen Sie die Sahne dazu, lassen Sie die Sauce noch kurz warm werden, dann können Sie anrichten.

Als Sättigungsbeilage eignen sich Klöße, Kartoffeln oder Spätzle und als Gemüsebeilage Rotkohl (s. S. 124) oder Rosenkohl (s. S. 128). Im Sommer, im Freien, passt auch Baguette dazu, dann sollten Sie das Fleisch allerdings kleiner schneiden und es in Schüsseln ausgeben, sodass man es mit einer Gabel essen kann.

Chili mit Maisbrotkruste

Zutaten Chili

500 g Hackfleisch, halb und halb

500 g Zwiebeln, gewürfelt

3 Paprika, rot, grün, gelb

1–5 Knoblauchzehen, je nach Geschmack

2 große Dosen Kidney-Bohnen, Flüssigkeit abgegossen

2 große Dosen Tomaten

1 kleine Dose Mais, abgegossen

2 EL Tomatenmark

1 EL Paprikapulver, edelsüß

1 TL Cumin

1 TL schwarzer Pfeffer, gemahlen

1 TL Paprikapulver, scharf

1 EL Zucker

Salz nach Geschmack

Tabasco oder eine andere Hot Sauce

Öl zum Anbraten

In den USA wird Chili gerne mit Maisbrot serviert, im Dutch Oven lässt sich beides gleich übereinander backen.

So wird's gemacht

Für das Chili braten Sie das Fleisch im 12" Dutch Oven an, bis es braun und krümelig ist. Um wieder Platz im Topf zu bekommen, nehmen Sie das Fleisch heraus und braten die gewürfelten Zwiebeln, den Knoblauch und die Paprika an. „Kratzen" Sie eine Stelle frei und geben Sie das Tomatenmark direkt auf den Boden des Topfes, um es anzubraten. Jetzt kommen die restlichen Gewürze, Bohnen und das Fleisch in den Topf und alles wird mit viel Hitze von unten aufgekocht, es sollte nun eine ½ Stunde simmern. Wer den Mais knackig haben möchte, der gibt ihn erst 5 Minuten vor Ende der Garzeit dazu. Das Chili sollte nicht zu flüssig sein, weil sonst der Teig versinkt, evtl. lassen Sie etwas Flüssigkeit von den Tomaten weg. Nachgießen können Sie immer.

Für das Maisbrot mischen Sie das Maismehl, das Weizenmehl und die anderen trockenen Zutaten, bis auf den Käse, in einer Schüssel. In einer zweiten Schüssel verschlagen Sie die Eier, das Öl und die Milch. Mischen Sie dann die trockenen und festen Zutaten in einer gemeinsamen Schüssel. Sie können in das Maisbrot auch gehackte Jalapeños geben, um dem Ganzen mehr „Wumms" zu geben.

Zum Abbacken geben Sie den geriebenen Käse auf das Chili und darauf den Teig des Maisbrotes. Die Konsistenz des Teigs sollte so flüssig sein wie ein fester Pfannkuchenteig, sodass er gerade nicht mehr fließt und mit dem Teigschaber oder Löffel geglättet werden muss.

Backen Sie mit fast keiner Hitze von unten (etwa drei Kohlen, die sollen nur verhindern, dass das Chili auskühlt, sobald es kocht, kann sich keine Maisbrotkruste bilden) und starker Hitze von oben etwa 20 Minuten. Der Teig ist fertig, wenn er bei leichtem Druck nachgibt und dann seine ursprüngliche Form wieder annimmt. Vor dem Servieren lassen Sie den Dutch Oven 10 Minuten ohne Kohlen stehen.

Zutaten Maisbrot

2 Eier, leicht geschlagen

1½ Tassen Milch

2 Tassen Cheddar, gerieben

1 Packung. Backpulver

1 Tasse Maismehl (das feine, nicht für Polenta!)

1 Tasse Weizenmehl

2 EL Zucker

½ TL Salz

2 EL Öl

Chili mit Maisbrotkruste

Potjiekos

In Südafrika oder Namibia ist ein Grillabend nicht immer Grillen, wie wir das kennen, es kann auch sein, dass es Potjiekos gibt, also einen Eintopf aus dem Potjie. Das Besondere daran ist, dass die Zutaten in den Topf geschichtet und nicht gerührt werden. Der Potjie sollte während der gesamten Zeit immer nur ganz leicht simmern, was man an den Geräuschen der aufsteigenden Blasen sehr gut hören kann, wenn es denn leise ist. Ich möchte Ihnen hier ein komplettes Gericht vorstellen, das Sie natürlich nach Belieben ändern können. Es besteht aus Lamm-Curry mit einem Maisbrei als Beilage (s. S. 120), der „Mealie-Pap" heißt und einer Sauce, die man „Chakalaka" nennt.

Lamm-Curry mit Aprikosen

Zutaten

1½ kg Lammfleisch, in mundgerechte Stücke geschnitten

1 Zwiebel, groß, gehackt

2 Knoblauchzehen, fein gehackt

1 Ingwer, pflaumengroß, fein gehackt

1–2 EL Currypulver

1 EL Sambal Oelek

1 Zimtstange

1 Lorbeerblatt

1 l Ginger Ale oder Weißwein

Saft einer Zitrone

500 g Kartoffeln, in Würfel geschnitten

500 g Karotte, in Scheiben geschnitten

500 g Kohlrabi, in Würfel geschnitten

250 g Aprikosen, getrocknet

Mehl

Pfeffer und Salz

Fett zum Braten

So wird's gemacht

Bestäuben Sie das Fleisch mit dem Mehl und braten Sie es im Potjie #2 oder #3 kräftig an. Beim Anbraten können Sie den Potjie, wie in Afrika üblich, mit daumendickem Holz heizen. Geben Sie die gehackte Zwiebel, die feingehackten Knoblauchzehen, den feingehackten Ingwer und die Gewürze zum Fleisch und braten Sie alles an. Nach dem Anbraten lassen Sie das Holz ausgehen und legen einen halben Ring Briketts dazu, die sich an der vorhandenen Holzkohle entzünden wird. Dann kommen die Kartoffeln und die Karotten dazu, darüber der Kohlrabi und obendrauf die getrockneten Aprikosen. Die Masse darf nun nicht mehr umgerührt werden und darf nur leicht simmern. Hören Sie regelmäßig an dem Topf, ob er noch blubbert. Auf keinen Fall darf er trockenkochen, dann brennt alles an. Nach etwa 2 Stunden dicken Sie die Sauce mit etwas Mehl an, das Sie in Wasser einrühren und in den Potjie geben.

TIPP *Für dieses Gericht können Sie auch günstige Stücke vom Lamm nehmen und die Knochen mit hineingeben.*

Chakalaka

Zutaten

1 Zwiebel, groß, gehackt

1 Paprika, in Würfel geschnitten

½ Weißkohl, in feine Streifen geschnitten

1–3 Knoblauchzehen, fein gehackt

2 Karotten, grob geraspelt

2 Fleischtomaten, gehackt

1 EL Currypulver

1 Dose (800 g) weiße Bohnen oder 2 Dosen Baked Beans mit Tomatensauce

frische Chilis, nach Geschmack (fangen Sie mit einer Chili ohne Samen an!)

Worcestershiresauce

Essig

1 Tasse Wasser

Pfeffer und Salz

Öl zum Braten

Als Beilage zum Pap gibt es eine scharfe Würzsauce.

So wird's gemacht

Schwitzen Sie die gehackten Zwiebeln und die Paprika in einem 10" Dutch Oven oder Potjie #2 an. Dann geben Sie den fein gehackten Knoblauch und das Currypulver dazu. Sobald Sie den Geruch vom Curry wahrnehmen, löschen Sie mit etwas Essig, Worcestershiresauce und einer Tasse Wasser ab. Geben Sie den Rest der Zutaten dazu und lassen Sie alles eine ¼ Stunde simmern. Der Kohl sollte noch etwas Biss haben. Ein Potjie wird einfach mit daumendickem Holz geheizt und nach dem Anbraten aller Zutaten lassen Sie den Topf auf der Glut stehen. Nach einer ½ Stunde sind das Feuer und die Glut aus und die Sauce fertig.

TIPP *Suppe angebrannt?*
Eine angebrannte Suppe ist ganz einfach zu retten: Nehmen Sie den Topf sofort von der Hitze und gießen Sie die Suppe in einen anderen Behälter, der angebrannte Rest sollte möglichst unangetastet bleiben. Dann geben Sie etwas Wasser in den Dutch Oven, kochen das Angebrannte los und reinigen den Topf anschließend gründlich. Dann kommt die Suppe wieder zurück in den Dutch Oven und sie wird nicht angebrannt schmecken. Auf keinen Fall dürfen Sie das Angebrannte loskratzen und unterrühren.

Lamm-Curry

Original Peka aus Ungarn

Auch im Land der Magyaren kocht man traditionell am Lagerfeuer. Weit weniger bekannt als die Gulaschkessel sind die als Peka bezeichneten „Backhauben". Diese werden von vielen kleinen Firmen in den verschiedensten Ausführungen und Größen angeboten. Von einfachen Ton- oder Blechausführungen bis zu den gusseisernen Pekas mit einer emaillierten Innenseite. Eine Peka mit einem Durchmesser von 50 cm ist etwas für einen gemütlichen Abend im Kreise von 8–12 Personen. Das Unterteil besitzt drei kurze Füße und einen flachen Rand, damit Sie das Fleisch oder den Fisch besser entnehmen können. Der Deckel – besser gesagt die Haube – ist innen ebenfalls emailliert und hat eine „Krone", damit die aufgehäufte Glut nicht herunterfällt. Die Emaillierung ist eine ganz wichtige Sache, denn eine große Peka lässt sich nicht einfach zum Abwaschen in ein normales Waschbecken legen, dafür ist sie einfach zu groß und zu schwer. Sie können die Peka direkt am Feuer mit einem Spülschwamm und heißem Wasser reinigen, die Außenseite wird nur abgefegt. Traditionell wird mit der Glut aus einem Holzfeuer geheizt und nicht mit Holzkohlebriketts, wie bei einem Dutch Oven. Damit die relativ schweren Pekas nicht in der Erde einsinken, legen die Köche die Feuerstelle mit Ziegelsteinen aus. Neben der Peka wird ein Feuer entfacht und daraus die Glut zum Kochen entnommen. Das Heizen ist bei der Peka ganz leicht: Eine einfache Schicht kirschgroßer Glutklümpchen wird ausgebreitet und das Unterteil der Peka daraufgestellt. Dann heben Sie die Haube auf das Unterteil und geben so viel Kohlen auf die Peka, wie von selber auf dem Rand halten. Sie müssen alle 20 Minuten die Kohlen auf der Haube austauschen, unter die Peka kommt nichts mehr.

Als Rezepte bieten sich Dinge an, bei denen das Fleisch oder der Fisch zusammen mit den Beilagen wie Gemüse oder Kartoffeln gekocht wird. Beispielsweise Lamm mit frischen grünen oder dicken Bohnen und viel Knoblauch. Auch ein Rehkitz kann zerlegt problemlos gegart werden – der Platz ist mehr als ausreichend. Weiterhin bieten sich Gans oder Ente auf Rotkohl, ein Fleischhahn auf Kartoffeln, Zwiebeln und Paprikastreifen, Lachs auf einem Gemüsebett, eine ganze Schweineschulter als Krustenbraten, knusprige Eisbeine oder Rinder-Schmorbraten an. Besonders eindrucksvoll ist ein ganzer Octopus. In den abgelegenen Gegenden Ungarns wird die Peka heute noch genutzt, um Brot und Kuchen zu backen. Die Handhabung ist ganz einfach: In die Peka kommt zuerst das Gemüse wie beispielsweise Kartoffeln und Zwiebeln, auf keinen Fall darf man reichlich Knoblauch vergessen. Dann folgen das Fleisch oder der Fisch, darüber die Kräuter und Gewürze. Aufgegossen wird das Ganze mit Wasser oder Wein. Dann den Deckel aufsetzen und mit ganz wenig Glut von unten und viel Hitze von oben 2 Stunden in Ruhe kochen lassen. Auf keinen Fall alle 10 Minuten nachschauen, „ob sich schon was tut". Zum Schluss den Deckel abheben und das Unterteil direkt auf den Tisch stellen. Durch die gespeicherte Hitze bleibt das Essen erstaunlich lange heiß.

Lammschulter oder Keule mit verschiedenen Bohnen

Port. 4

Zutaten:

1 Lamm-Vorderviertel oder 1 Keule

Verschiedene Bohnen: Dicke Bohnen und weiße Bohnen aus der Dose, frische grüne Bohnen und Stangenbohnen

Bohnenkraut

Knoblauch, reichlich, nach Geschmack

Gemüse der Saison: Kartoffeln, Zwiebeln, Paprika, Tomaten, Pilze etc.

Pfeffer und Salz

So wird's gemacht:

Legen Sie die Peka mit dem Gemüse der Saison aus, dann das Lammviertel mit Knoblauch spicken und in die Mitte der Peka legen. Um das Lamm geben Sie die verschiedenen Bohnen. Mit reichlich Bohnenkraut sowie Salz und Pfeffer würzen. Die Peka auf wenig Glut stellen, die Haube aufsetzen und mit Glut bedecken. Alle 20 Minuten frische Glut auf die Haube geben. Je nach Beschaffenheit des Lamms 1½–2 Stunden braten.

Lamm mit Bohnen in einer Peka

McILHENNY CO.
TABASCO
BRAND
PEPPER SAUCE
57 mL
1 Zimtstange
1 Lorbeerblatt
1 L Ginger Ale oder
Saft einer Zitrone
Fett zum Braten
Mehl

HAUPT-GERICHTE

Schnitzelpfanne

Zutaten

2 kg Schnitzelfleisch, am Stück

250 g Bauchspeck, geräuchert, gewürfelt

12 Scheiben Cheddar

1 kg Champignons, frisch

4 Zwiebeln, groß, gewürfelt

3 Stangen Lauch

1 l Schlagsahne

Paprikapulver, rosenscharf

Currypulver

Butter zum Einfetten

Pfeffer und Salz

Fett zum Braten

Ein tolles Partygericht, das immer wieder gut ankommt, und sich super vorbereiten lässt.

So wird's gemacht

Im Dutch Oven braten Sie mit starker Hitze von unten die Zwiebelwürfel, den Speck und die Champignons an und nehmen die Masse aus dem Topf. Dann schneiden Sie dünne Schnitzel aus dem Fleisch und würzen es mit Pfeffer und Salz. Schichten Sie die Schnitzel in den Dutch Oven und geben Sie die Käsescheiben darüber. Die Schnitzel können ruhig etwas an der Wand hochstehen. Füllen Sie nun die angebratene Masse in den Dutch Oven. Schneiden Sie den weißen Teil des Lauchs in Ringe und geben ihn roh in den Topf.

Mischen Sie die Sahne mit Pfeffer, Salz, dem Curry- und Paprikapulver und geben Sie die Sahnemischung in den Topf. Mit wenig Hitze von unten und starker Hitze auf dem Deckel 1½ Stunden backen, bis das Fleisch mürbe ist. Wer mag, kann die Käsemenge erhöhen.

Toad in the hole

Zutaten

8 Bratwürste, roh, grob

4 Zwiebeln, in Ringe geschnitten

etwas Mehl

1 Prise Zucker

½ l Brühe oder Fond oder Bratensauce

Pfeffer und Salz

Fett zum Braten

Für den Yorkshire Pudding:

100 g Mehl

1 EL Backpulver

2 Eier

100 ml Milch

100 ml Wasser

Pfeffer und Salz

Dieses traditionelle englische Gericht ist ideal für Dutch Oven geeignet, bei denen der Deckel etwas tiefer ist, denn dann lässt sich die Sauce besser zubereiten. Es geht aber auch in einer separaten Pfanne. Der Name „Kröte im Loch" kommt daher, dass es ursprünglich ein Kinderessen war.

So wird's gemacht

Braten Sie die Würste in einem Dutch Oven gut durch. Nehmen Sie sie aus dem Topf und schwitzen Sie in dem Fett die Zwiebelringe mit einer Prise Zucker an. Stäuben Sie 2 Esslöffel Mehl über die Zwiebeln und geben Sie die Brühe dazu. Die Sauce sollte kochen und dabei etwas eindicken und die Zwiebeln weich werden lassen. Stellen Sie die Sauce warm.

Für den Yorkshire Pudding – eine Art Eierkuchenteig – geben Sie die Zutaten bis auf das Wasser zusammen. Mit dem Wasser stellen Sie die Konsistenz ein, denn der Teig sollte so flüssig wie Waffelteig sein.

Geben Sie in einen vorgeheizten 12" Dutch Oven oder ft6 etwas Fett und legen die Würste hinein. Verteilen Sie nun den flüssigen Teig darüber und backen Sie mit wenig Hitze von unten und starker Hitze von oben ½ Stunde. Der Teig sollte gut aufgegangen und knusprig sein. Serviert wird das Gericht mit der Sauce und Kartoffelbrei.

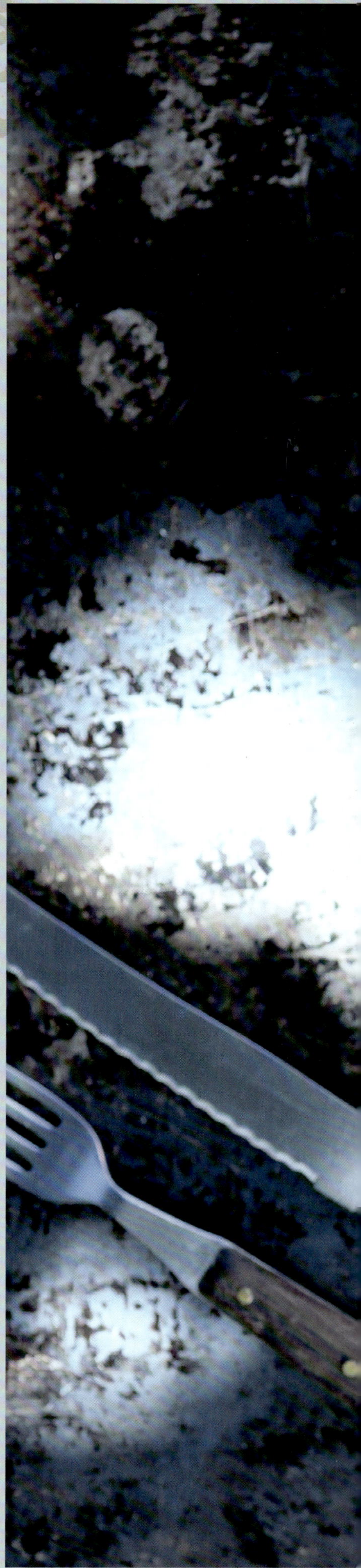

Schnitzelpfanne mit Speck, Zwiebeln und Champignons.

Ostfriesischer Snirtjebraten

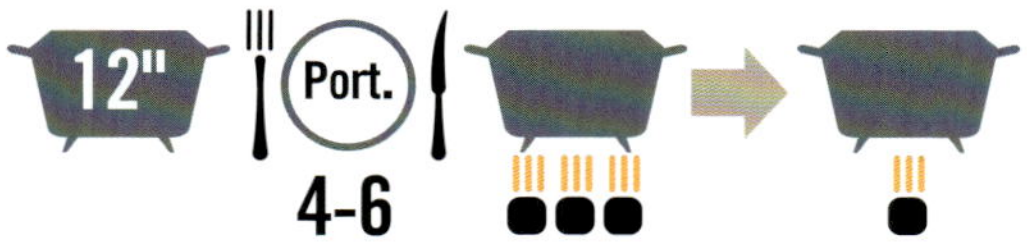

Zutaten

2 kg Schweinefleisch (Nacken oder Schulter), in hühnereigroße Stücke geschnitten

4 Zwiebeln, grob gewürfelt

5 Pimentkörner

2 Lorbeerblätter

3 EL Mehl

250 ml Sahne

reichlich Pfeffer und Salz

Brühe oder Wasser zum Angießen

Fett zum Anbraten

Dieses Gericht ist ursprünglich ein Essen für die Helfer bei der Hausschlachtung und wird traditionell im Winter gegessen, zusammen mit Salzkartoffeln, Rotkohl, grünen Bohnen, eingelegten Gurken, Roter Beete oder Kürbis.

So wird's gemacht

Das Fleisch am Vortag in hühnereigroße Stücke schneiden, lieber etwas größer. Dann mit Salz und Pfeffer einreiben und kühl stellen. Geben Sie am nächsten Tag etwas Fett in den Dutch Oven und braten Sie das Fleisch mit starker Hitze von unten kräftig an, gegebenenfalls in Portionen. Geben Sie die grob gewürfelten Zwiebeln dazu und lassen Sie sie glasig werden. Mit der Brühe aufgießen, die Pimentkörner und die Lorbeerblätter dazugeben und 2 Stunden mit wenig Hitze von unten köcheln lassen. Sobald das Fleisch gar ist, die Sauce mit Mehl und Sahne binden.

Steak-and-Kidney-Pie

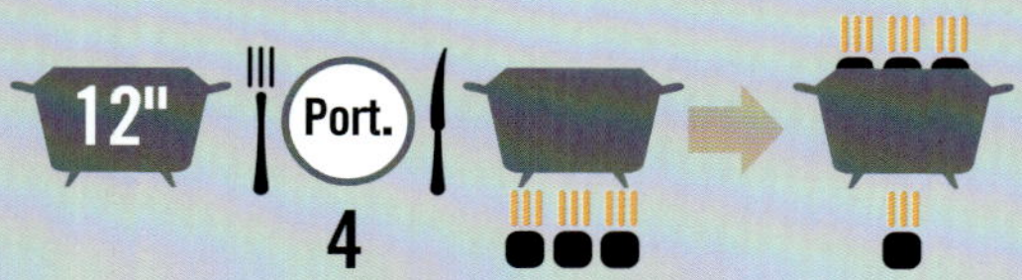

Zutaten Füllung

750 g Rindfleisch, in gulaschgroße Stücke geschnitten

250 g Rindernieren, in Stücke geschnitten

1 Zwiebel, gewürfelt

1 Flasche dunkles Bier, 0,33 l

½ l Rinderfond

1 EL Senfpulver

1 Lorbeerblatt

Worcestershiresauce

1 Tasse Mehl, zum Bestäuben

Fett zum Braten

Salz und Pfeffer

1 Päckchen Blätterteig

Ei zum Bestreichen

Ein weiteres Rezept aus der englischen Küche, das sich hervorragend eignet, um in einer Pie-Form in einem Dutch Oven gebacken zu werden. Sie können Rinderbrust oder Hochrippe verwenden, also die eher fetten und zähen Teile. Diese Pastete lässt sich hervorragend vorbereiten und dann im Dutch Oven abbacken. Sie können so auch übrig gebliebenes Gulasch am nächsten Tag aufwerten.

So wird's gemacht

Schwitzen Sie die Zwiebel in etwas Fett an und nehmen Sie sie aus dem Dutch Oven. Geben Sie eine Tasse Mehl, ein Löffel Senfpulver, ein Esslöffel Salz und ein Teelöffel Pfeffer in eine Plastiktüte. Schieben Sie das Fleisch in die Tüte und schütteln Sie so lange, bis das Fleisch rundum bedeckt ist. Heizen Sie den Dutch Oven mit so vielen Kohlen, wie unter den Topf passen. Braten Sie das Fleisch in Portionen von allen Seiten an, bis es gut gebräunt ist. Dann kommen die Nierenstücke dazu, die ebenfalls angebraten werden. Geben Sie die angeschwitzten Zwiebeln wieder in den Topf. Gießen Sie die kleine Flasche Bier und den Rinderfond dazu und geben Sie einige Spritzer Worcestershiresauce sowie das Lorbeerblatt in den Dutch Oven. Lassen Sie das Fleisch 2 Stunden mit wenig Hitze von unten und starker Hitze von oben simmern, bis es weich und die Sauce sämig ist.

Geben Sie diese Füllung in eine Schüssel und lassen Sie sie über Nacht im Kühlschrank auskühlen. Entfernen Sie am nächsten Tag das kalte Fett an der Oberfläche und das Lorbeerblatt. Geben Sie die Füllung in eine Pastetenform und rollen Sie ein Päckchen fertigen Blätterteig – den selberzumachen lohnt sich meist nicht – passend aus. Dann schließen Sie mit dem Teig die Pastetenform nach oben hin ab. Einige Verzierungen können nicht schaden. Dann bepinseln Sie den Teig mit einem verquirlten Eigelb. Stellen Sie die Form vorsichtig in einen Dutch Oven und backen Sie den Pie mit wenig Hitze von unten und viel Hitze von oben, bis die Füllung heiß und der Teig locker und braun ist.

Ein solcher Pie eignet sich auch, um bei Feiern auf den Anlass bezogene Verzierungen oder Buchstaben anzubringen.

TIPP

In einem Pie können Sie sehr gut Reste vom Brisket (s. S. 150) verarbeiten.

Steak- and-Kidney-Pie

Gefüllte Paprikaschoten

12" | Stck. 6

Ein Klassiker der Hausfrauenküche und wie geschaffen für das Kochen im Dutch Oven.

Zutaten

6 Paprikaschoten

500 g Hackfleisch, halb und halb

1 Tasse Reis, bissfest gekocht

1 Knoblauchzehe

1 Zwiebel, fein gehackt

2 Eier

1 EL Paprikapulver, edelsüß

Pfeffer und Salz

Fett zum Anbraten

Für die Sauce

1 Zwiebel, fein gehackt

1 EL Tomatenmark

1 gr. Dose Tomaten

300 ml Brühe

1 EL Zucker

1 EL Butter

1 EL Mehl

Salz und Pfeffer

TIPP Sollten Sie zu viel der Hackfleischfüllung haben, dann formen Sie Mettbällchen daraus, die Sie ebenfalls anbraten und dann in der Sauce schmoren.
Sie müssen den Reis nicht vorkochen, dann sollten Sie ihn aber zwei Stunden in Wasser einweichen, dann ist er schneller gar.

So wird's gemacht

Schneiden Sie die Paprika am Stielansatz so auf, dass Sie den grünen Stängel entfernen können (dieser ist giftig). Kratzen Sie dann die Kerne aus der Schote. Kochen Sie den Reis und mischen Sie ihn mit dem Hackfleisch, der fein gehackten Zwiebel, den Eiern, dem Paprikapulver und einer mit etwas Salz zerriebenen Knoblauchzehe. Schmecken Sie das Gemisch herzhaft mit Pfeffer und Salz ab und füllen Sie die Paprikaschoten damit.

Braten Sie im Dutch Oven die gefüllten Paprika von allen Seiten an und nehmen Sie sie dann wieder aus dem Topf. Für die Sauce geben Sie die Butter und die Zwiebeln in den Topf und schwitzen die Zwiebeln glasig an. Stäuben Sie das Mehl darüber und warten Sie, bis es etwas Farbe annimmt. Braten Sie an einer freien Stelle am Topfboden das Tomatenmark an. Löschen Sie mit den Dosentomaten und der Brühe ab und würzen Sie mit Salz, Pfeffer und dem Zucker.

Geben Sie die Schoten zurück in den Dutch Oven und schmoren Sie sie in der Sauce 30–45 Minuten mit wenig Hitze von oben und unten. Wer mag, kann die Schoten zum Schluss noch mit Käse überbacken.

Sauen im Maisfeld

12" | Port. 6-8

Dass Wildschweine meist im Mais geschossen werden, ist ja hinlänglich bekannt. Dass man die Liebe der Sauen zum Mais über deren Tod hinaus tragen kann, ist aber noch nicht bekannt.

Zutaten

1 kg Wildschweinfleisch (Schulter oder Nacken)

1 kg (Wildschwein-) Bratwurst, grob, gerne sehr scharf gewürzt

4 Maiskolben, vorgegart, am Stück, halbiert (oder aus der Dose)

4 große Kartoffeln, gewürfelt

1–2 große Zwiebeln, gewürfelt

2–3 Knoblauchzehen, gewürfelt

1 l Rahmsauce, Tetrapack oder selbstgemacht

Grillgewürz, nach Wahl

Nach Geschmack: einige Scheiben eingelegte Jalapeños oder frische Peperoni

Pfeffer und Salz

So wird's gemacht

Teilen Sie die Maiskolben in 2 Teile.
Gießen Sie ⅓ der Sauce in den Dutch Oven und stellen Sie die 8 Maiskolbenstücke von innen an den Rand des Topfes. Geben Sie die gewürfelten Kartoffeln in die Mitte, darüber die Zwiebeln, den Knoblauch und die Peperoni bzw. Jalapeños. Würzen Sie alles mit Pfeffer und Salz. Je nach verwendeter Wurst können Sie sie zwischen den Maiskolben hochkant hinstellen oder Sie legen sie in Scheiben geschnitten einfach dazu. Frische, ungebrühte Bratwurst sollten Sie aus dem Darm drücken und so als „Fleischklößchen" dazugeben. Gießen Sie nun das nächste Drittel der Sauce dazu. Legen Sie das Fleisch darauf, das Sie mit dem Grillgewürz kräftig gewürzt haben. Auf das Fleisch kommt der Rest der Sauce.

Garen Sie das Gericht mit wenig Hitze von unten und mittlerer Hitze von oben 1½ Stunden. Drehen Sie das Fleisch, das ganz oben aufliegt, um, sodass auch die angedickte Sauce nach unten laufen kann. Mit frischen Kohlen lassen Sie den Dutch Oven noch einmal eine ½ Stunde kochen und bräunen das Fleisch.

TIPP Statt der scharfen Bratwurst können Sie auch Kabanossi verwenden. Sie benötigen dann etwa 8 Stück.

Gefüllte Paprikaschoten

Pasta-Pizza

12" | Port. 2-4

Ein schnelles Gericht, das auch Kindern schmeckt. Der Boden der Pizza besteht aus gekochten Nudeln.

Zutaten

300 g Hörnchennudeln

4 Eier

1 Tasse Parmesan, gerieben

2 Dosen Pizzasauce

2 Tassen Mozzarella, gerieben

200 g Salami, in Scheiben

Pfeffer und Salz

So wird's gemacht

Kochen Sie die Nudeln al dente und geben Sie sie abgetropft in einen gefetteten 12" Dutch Oven. Verquirlen Sie die Eier mit dem Parmesan und geben Sie Pfeffer und Salz dazu. Schütten Sie diese Mischung über die Nudeln. Dann verteilen Sie die Pizzasauce auf den Nudeln und darauf den geriebenen Mozzarella. Zum Schluss die Salamischeiben auf die „Pizza" legen und 15 Minuten mit wenig Kohlen von unten und mittlerer Hitze von oben backen, bis der Käse zerlaufen und gebräunt ist.

Rotkohlroulade mit Wildfleisch

12" | Stck. 8

Dieses Gericht eignet sich hervorragend, um die weniger edlen Stücke vom Wild sinnvoll zu verwerten. Hackfleisch vom Wild sollte vom Reh, Rotwild oder Damwild stammen – also die eher dunklen Sorten. Zur Not geht auch Wildschwein, das passt aber besser zu Wirsing. Das fettarme Wildfleisch reichern Sie mit Mayonnaise an. Wer das Fleisch selbst durch den Wolf lässt, der kann auch 30 % Schweinebauch vom Hausschwein beigeben, dann brauchen Sie die Mayonnaise nicht.

Zutaten

500 g Wildhackfleisch

2 EL Mayonnaise

1 Rotkohl, frisch

2 altbackene Brötchen, in Milch eingeweicht und ausgedrückt

1 Zwiebel, sehr fein gehackt

3 Eier

4 EL Wildpreiselbeeren

250 ml Sahne

Rotwein zum Ablöschen

evtl. Mehl oder Speisestärke zum Binden

Pfeffer und Salz

Fett zum Anbraten

So wird's gemacht

Mischen Sie das Wildhackfleisch mit der Mayonnaise, den Brötchen, der Zwiebel, den Eiern und 2 Esslöffeln Wildpreiselbeeren. Jetzt benötigen Sie große Blätter vom Rotkohl, die Sie einfach abzupfen und in einem großen Topf mit kochendem Wasser blanchieren, um sie anschließend in kaltem Wasser abzuschrecken. So werden sie weich und geschmeidig. Schneiden Sie die dicken Strünke heraus und füllen Sie die Rotkohlblätter mit dem Wildhack. Binden Sie die Rouladen mit etwas Küchengarn zu und braten Sie sie im Dutch Oven von allen Seiten rundherum an. Löschen Sie den Bratensatz mit Rotwein ab und garen Sie die Rouladen 1 Stunde mit wenig Hitze von oben und unten. Um die Sauce abzurunden, geben Sie die übrigen 2 Esslöffel Preiselbeeren und die Sahne in die Sauce. Sollte sie zu flüssig sein, dann geben Sie noch Speisestärke oder Mehl zum Binden dazu. Als Beilagen eignen sich der restliche Rotkohl geschmort und Semmelklöße.

Pasta-Pizza

Schweinekopf

14" Port. 1-2

Zutaten

½ Schweinekopf

1 Tasse Wurzelgemüse

2 Zwiebeln, in Scheiben

1 Lorbeerblatt

5 Pimentkörner

5 Wacholderbeeren

1 EL Majoran

1 Tasse Wasser

Pfeffer und Salz

Jeder Koch sollte ein Gericht haben, um Kindern Angst zu machen und bei den Alten in der Gunst zu steigen. Ein gebackener Schweinekopf ist da genau das Richtige – und lecker obendrein. Einen halben Schweinekopf bekommen Sie beim Schlachter auf Vorbestellung. Er soll ihn aber sicherheitshalber noch mal ordentlich rasieren, damit der Genuss nicht von Borsten gestört wird.
In einen 16" Dutch Oven passen zwei halbe Köpfe, in einen 14" ein halber.
Ob Sie das Ohr dranlassen oder nicht, bleibt Ihnen überlassen. Sie müssen aber darauf achten, dass es nicht verbrennt.

So wird's gemacht
Geben Sie das Gemüse und die in grobe Scheiben geschnittenen Zwiebeln sowie die Gewürze in den Dutch Oven. Wässern Sie den Schweinekopf mindestens 1 Stunde in Salzwasser. Dann wird er kräftig mit Pfeffer und Salz gewürzt und kommt mit der Knochenseite nach unten in den Dutch Oven. Braten Sie die ersten 3 Stunden mit wenig Hitze von unten und oben. Nach diesen 3 Stunden sollte das Fleisch von den Knochen fallen. Jetzt ist es Zeit, die weiche Schwarte mit einem Messer einzuritzen und dann mit starker Hitze von oben aufzuknuspern. Die Sauce sollten Sie vor dem Servieren unbedingt entfetten, denn durch die Backe ist der Schweinekopf unglaublich fettig.

TIPP Geben Sie den Schweineschwanz mit in den Topf, dann können Sie behaupten, von der Schnauze bis zum Kringelschwanz alles, außer dem Quieken gegessen zu haben. Also echtes „Nose-to-Tail-Butchering".

Gefüllter Schweinebauch

14" Port. 6-8

Zutaten

2–2½ kg Schweinebauch mit Rippen und Schwarte

2 Tassen Backpflaumen

2 Tassen Zwiebeln, gewürfelt

1 Tasse altbackenes Weißbrot, gewürfelt

Wasser zum Begießen

Ein im Dutch Oven gegrillter Schweinebauch mit Knusper-Kuste ist ein hervorragendes Party-Essen. Und preiswert dazu. Das fettige Fleisch ist auch eine gute Grundlage für den Genuss alkoholischer Getränke. Ob Sie die Rippen im Stück belassen oder abschälen, bleibt Ihnen überlassen. Da der Schweinebauch schon von sich aus in Schichten aufgebaut ist, ist es ganz leicht, eine Tasche für die Füllung hineinzuschneiden. Noch leichter geht das, wenn die Rippen am Stück verbleiben.

So wird's gemacht
Schneiden Sie die Schwarte vorsichtig rautenförmig ein, achten Sie darauf, dass Sie nicht bis ins Fleisch schneiden. Schneiden Sie nun eine Tasche in das Fleisch und füllen Sie diese dünn und gleichmäßig mit einer Mischung aus 2 Tassen Backpflaumen, 2 Tassen gewürfelten Zwiebeln und 1 Tasse gewürfeltem, altbackenem Toastbrot. Es soll eine gleichmäßige, ca. 1 Zentimeter dicke Schicht auf der ganzen Fläche liegen und nicht ein dicker Kloß in der Mitte. Die Öffnung braucht nicht besonders dicht verschlossen zu werden, ein Schaschlikspieß reicht. Gießen Sie etwas Flüssigkeit an, damit der Braten nicht anbrennt.

Zum Braten sollten Sie den Dutch Oven auf mittlere Hitze stellen und den Deckel mit starker Hitze bestücken. Nach 2 Stunden sollte der Braten gar sein. Dann geben Sie alle Kohlen auf den Deckel und sorgen somit für eine aufgepoppte Kruste. Zum Schweinebauch passt ein schlesischer Kartoffelsalat mit Mayonnaise.

Gefüllter Schweinebauch

Kasseler mit Sauerkraut

Zutaten

2½ kg Kasselernacken

1½ kg Sauerkraut, frisch (oder zwei Dosen mit 800 g)

5 große Zwiebeln, grob gewürfelt

5 Wacholderbeeren

2 Lorbeerblätter

1 kleine Dose Ananasstücke, nach Geschmack

dunkler Saucenbinder

1 Prise Zucker

Fett zum Braten

Pfeffer und Salz

Eines der schnellen Gerichte, die ich gerne auch in der Feldküche für 100 Leute mache, ist Kasseler mit Sauerkraut. Im Brötchen ist es auch für den Verzehr im Stehen geeignet. Wer das Gericht eher als Eintopf ausgeben will, der sollte das Fleisch in mundgerechte Stücke schneiden und unter das Sauerkraut mischen. Ich bevorzuge Kasselernacken, auch gerne am Knochen, lege aber immer noch etwas Kasseler aus dem Schweinelachs dazu. Manche mögen es nicht so gerne durchwachsen. Leider wird Kasselerlachs schnell trocken.

So wird's gemacht

Braten Sie das Kasseler im Dutch Oven bei starker Hitze von unten im Stück von allen Seiten kräftig an. Schmoren Sie dann das Kasseler und das Sauerkraut mit wenig Hitze von unten und oben 1 Stunde lang, dann kommen die in grobe Würfel geschnittenen Zwiebeln dazu. Gießen Sie 1 Liter Wasser in den Topf und geben Sie die Gewürze dazu. So muss das Fleisch 1 weitere Stunde schmoren. Wenn Sie eine Sauce benötigen, dann sollten Sie jetzt den Bratenfond abschöpfen und zur Seite stellen. Jetzt kommt auch das frische, rohe Sauerkraut dazu. Es muss etwa ½ Stunde länger kochen als das bereits gegarte aus der Dose. Beim Einsatz von Dosensauerkraut bauchen Sie nur ½ Stunde Garzeit. Wer mag, kann auch eine Dose Ananasstücke dazugeben

Jetzt geht es ans Zusammenbauen: Kochen Sie für die Sauce den Bratenfond mit etwas Saucenbinder auf, bis er andickt. Nehmen Sie aus dem Sauerkraut die Wacholderbeeren und die Lorbeerblätter heraus. Schneiden Sie das Fleisch in Scheiben. Sie können Salzkartoffeln dazu reichen oder Roggenbrötchen.

Gut zu wissen:

Dieses Gericht eignet sich auch hervorragend für den Erdofen (s. S. 54). Durch die starke Hitze der Flammen kann man das Fleisch wunderbar anbraten und wenn es heruntergebrannt ist, gart das Sauerkraut im geschlossenen Erdofen einfach mit.

Kasseler mit Sauerkraut über einem Erdofen

Ente mit Rotkohl

Zutaten:

1 Ente oder 2 kg Gänsebrust

1 Tasse Speck, gewürfelt

1 Tasse Zwiebel, gewürfelt

200 g Maronen, geschält, gekocht

2 kg frischer Rotkohl (oder 2 Dosen Rotkohl)

1 säuerlicher Apfel, in kleine Stücke geschnitten

etwas Schmalz

Nelken

Rosmarin

einige Wacholderbeeren

etwas Salzwasser für eine krosse Haut

Pfeffer und Salz

Dieses Rezept eignet sich hervorragend für die Verwendung einer Ente mit einigen tausend Flugstunden. Diese Vögel sind naturgemäß etwas fettiger, was dem Rotkohl auch ganz gut bekommt. Zudem ist dieses Gericht sehr einfach zuzubereiten.

So wird's gemacht

Lassen Sie zunächst in dem Schmalz die Speckwürfel aus und dünsten Sie dann die Zwiebelwürfel, bis sie glasig sind. Geben Sie den Rotkohl und die Apfelstücke dazu und würzen Sie mit Rosmarin, Wacholder, Nelken, Pfeffer und Salz. Lassen Sie alles mit einigen Kohlen unter dem Topf köcheln. Dann legen Sie die Ente mit der Brust nach oben auf den Rotkohl. So garen Sie den Vogel, zusammen mit dem Rotkohl mit wenig Hitze von unten und oben mindestens 2 Stunden lang. Das Fett, das aus dem Vogel ausbrät, verleiht dem Rotkohl seinen unnachahmlichen Geschmack. Sollte noch Platz im Topf sein, können Sie ½ Stunde vor Ende der Garzeit Kartoffelscheiben dazulegen. So erhalten Sie eine komplette Mahlzeit aus nur einem Topf.

Zum Aufknuspern der Haut entfernen Sie den Rotkohl aus dem Dutch Oven, pinseln die Brust mit Salzwasser ein und legen möglichst viele Kohlen auf den Deckel. Dann schauen Sie alle 5 Minuten nach, wie der Vorgang voranschreitet und pinseln dabei immer wieder die Brust mit Salzwasser ein.

Gut zu wissen:

Sollte die Ente zu hoch sein für den Dutch Oven, schneiden Sie am Rücken das Rückgrat heraus, dann brechen Sie noch das Gabelbein in der Halsgrube – im Englischen „Wishbone" – und Sie können den Vogel flach in den Topf legen.

Heubraten

Zutaten

2½kg Schweinenacken, am Stück ohne Knochen (alternativ: Lamm- oder Rehkeule)

3 Zwiebeln, gewürfelt

3 Karotten, gewürfelt

1 Stange Lauch, in dünne Ringe geschnitten

1 Tasse Sellerie, gewürfelt

250 ml Brühe oder Wein

Saucenbinder

Salz und Pfeffer

2 Handvoll Heu

Butterschmalz zum Anbraten

Etwas Skurriles im Dutch Oven zu kochen, macht immer Eindruck bei Gästen. Wenn es dann auch noch schmeckt, umso besser. Für dieses Gericht benötigen Sie Heu, das Sie entweder beim Kleintierhändler als Kaninchen-Bergwiesenheu in Plastiktüten erwerben können, oder Sie fragen einfach einen Pferdehalter in der Nähe. Die dritte Möglichkeit ist, eine Stelle im Garten für Heu zur Verfügung zu stellen und dort dann mit der Sichel ein paar Hände voll abzumähen und im Schatten zu trocknen. Dann wissen Sie, woher das Heu kommt und was drin ist. Pro Braten mit einem Gewicht von 2½ Kilogramm benötigen Sie 2 Handvoll Heu, so viel wie eben noch in den Dutch Oven passt.

So wird's gemacht

Braten Sie das Fleisch in Butterschmalz von allen Seiten kräftig an. Dafür benötigen Sie viel Hitze unter dem Topf, später kommt noch wenig Hitze auf den Deckel. Nehmen Sie dann das Fleisch aus dem Dutch Oven und braten Sie das gewürfelte Gemüse an. Löschen es mit Wein oder Brühe ab. Auf dieses Gemüsebett geben Sie das Heu. Würzen Sie den Braten kräftig mit Salz und Pfeffer und legen ihn in das Heubett. Das Heu sollte rund um den Braten locker anliegen. Der Braten muss jetzt wenigstens 2 Stunden garen, um auch richtig weich zu werden. Schweinenacken wird nicht so leicht trocken wie Reh oder Lamm, daher sollten Sie bei den beiden letztgenannten Fleischsorten lieber etwas früher die Kerntemperatur prüfen. Das Schweinefleisch ist bei einer Kerntemperatur von 75 °C fertig, das Lamm und das Reh sollten innen noch rosa sein, also 65 °C haben.

Sobald der Braten gar ist, legen Sie ihn zum Ruhen zur Seite und geben das Gemüse und das Heu zusammen mit dem Bratenfond durch ein Sieb. Das Gemüse und das Heu sind nicht zum Verzehr geeignet. Kochen Sie die Sauce auf und binden Sie diese mit Mehl oder Speisestärke.

Gut zu wissen:

Als Beilagen eignen sich Klöße, ein frisches Baguette oder ein deftiges Bauernbrot (s. S. 168).

Heubraten

Wirsingroulade

Zutaten

1 Wirsingkohl

500 g Hackfleisch, halb und halb

2 altbackene Brötchen

1 Zwiebel, fein gewürfelt

100 ml Milch

1 Ei

1 l Brühe

Muskat

Paprikapulver

Salz und Pfeffer

Fett zum Braten

Kohlrouladen sind ein Klassiker der Hausfrauenküche und an sich nichts Besonderes, aber durch den Dutch Oven bekommen Sie einen raffinierten Geschmack. Ein weiterer Pluspunkt: Der penetrante Kohlgeruch hängt nicht in der Küche. Zum Blanchieren nutze ich lieber einen Edelstahltopf, um die Patina des Dutch Ovens zu schonen. Der Edelstahltopf wird auf den Kohlen genauso heiß, wie ein gusseiserner. Sie brauchen nur eine Möglichkeit, ihn eine Handbreit über die Kohlen zu stellen, ein Topfständer oder Pfannenknecht ist da gut geeignet, ansonsten nehmen Sie eben Ihren Dutch Oven. Ölen Sie ihn anschließend gut ein. Beim nächsten Mal wird ein Brot gebacken und alles ist wieder gut.

So wird's gemacht

Zunächst weichen Sie die Brötchen in der Milch ein. Dann setzen Sie einen großen Topf mit Salzwasser auf. Lösen Sie die großen Blätter von dem Wirsing möglichst komplett ab und schneiden die Blattrippe dünner. Sobald das Wasser kocht, geben Sie die Wirsingblätter für 30 Sekunden portionsweise in das kochende Wasser und blanchieren sie. Nehmen Sie die Blätter heraus und schrecken Sie diese in einer Schüssel mit kaltem Wasser ab, um ein Weitergaren zu unterbinden. Den restlichen Kohl schneiden Sie in Viertel und entfernen den Strunk. Drücken Sie die Brötchen aus und geben Sie diese in eine Schüssel. Dazu kommen das Hackfleisch, die fein gewürfelte Zwiebel und das Ei. Mischen Sie alles gut durch und würzen Sie mit Pfeffer, Salz, Muskat und Paprikapulver. Dann nehmen Sie etwas von dieser Masse und wickeln diese in 1–2 Blätter Wirsing. Je nach Geschmack bekommen Sie aus der Füllung 6–12 Rouladen. Die einen mögen lieber große, die anderen lieber mehrere kleine. Dann binden Sie die Rouladen jeweils mit etwas Küchenband zusammen. Erhitzen Sie im Dutch Oven etwas Fett und braten Sie die Rouladen von allen Seiten scharf an. Dann nehmen Sie die Rouladen aus dem Topf und braten den restlichen Wirsing an, wobei er kräftig zusammenfällt. Setzen Sie die Rouladen zurück auf die angebratenen Blätter und gießen Sie mit der Brühe auf. Falls die Flüssigkeit nicht reichen sollte, nehmen Sie einfach Wasser. Sie brauchen nur wenig Hitze von unten und von oben. Wichtig ist, dass der Topf immer leise simmert. Nach 1 Stunde sollten die Wirsingrouladen gar sein.

Wirsingrouladen werden traditionell mit Salzkartoffeln gegessen. Sie können aber auch grobes Bauernbrot dazu reichen, was eher zu einer rustikalen Outdoorküche passt.

TIPP Als Alternative können Sie die Rouladen auch mit Weißkohl machen, was allerdings eine deutlich längere Garzeit erfordert. Jäger nehmen Rotkohl und statt des Hackfleischs solches von Reh- oder Rotwild gemischt mit 30 % Schweinebauch.

Wirsingroulade

Eisbein mit Sauerkraut

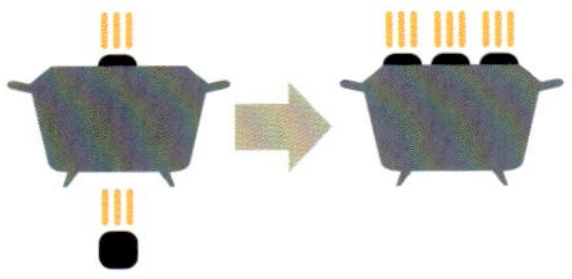

Zutaten pro Person

1 Eisbein

200 g Sauerkraut

1 Zwiebel, grob gewürfelt

1 Lorbeerblatt

Kümmel, nach Geschmack

Pfeffer und Salz

Eisbein mit Sauerkraut ist nicht einfach nur Eisbein mit Sauerkraut, es ist echtes deutsches „Soul Food". In jeder Gegend isst man es etwas anders: in Berlin beispielsweise wird es gekocht und mit einer weichen Schwarte serviert. In Bayern hat es eine krachende Schwarte und man isst es mit den Fingern, dazu gibt es mehrere Scheiben Graubrot und Krautsalat. In Norddeutschland gibt es dazu Salzkartoffeln, Sauerkraut und Erbspüree mit ausgelassenem Speck, das Eisbein ist selbstverständlich knusprig. Ob es gepökelt ist oder frisch, das ist Geschmackssache, die gepökelten sind eingeschweißt und haben den Vorteil, dass sie sich länger halten. Sie können die Eisbeine – einen ausreichend großen Dutch Oven vorausgesetzt – auch auf dem Sauerkraut garen. Davon profitieren beide: Das Kraut bekommt die Fleischsäfte und das Fett, die Eisbeine garen in der feuchten Umgebung. Sobald sich das Fleisch von den Knochen löst, sollten Sie das Sauerkraut aus dem Topf entfernen und die Eisbeine in dem trockenen Topf mit so viel Kohlen, wie auf den Deckel passen, aufknuspern. Das kann durchaus noch ½ Stunde bis zu 1 Stunde in Anspruch nehmen, lassen Sie sich dabei aber nicht hetzen. Dieses Gericht ist im Dutch Oven aufgrund des Platzmangels nur für 4 oder höchstens 6 Eisbeine geeignet. Diese wenigen Gäste sollten Sie ½ Stunde vertrösten können, gerade wenn das Ergebnis dafür entschädigt.
Beim Erbspüree lohnt sich das Selbermachen auf keinen Fall, kaufen Sie lieber eine fertige Konserve und konzentrieren Sie sich voll auf die Kruste des Eisbeins.

So wird's gemacht

Geben Sie das Sauerkraut unten in den Dutch Oven und darüber die grob gewürfelten Zwiebeln. Schneiden Sie die Schwarte des Eisbeins mit einem Teppichmesser rautenförmig ein, würzen Sie großzügig mit Pfeffer und Salz und, wer mag, mit gemahlenem Kümmel. Das Eisbein kommt mit der dicken Schnittseite auf das Sauerkraut.
Nun garen Sie das Eisbein etwa 2 Stunden mit wenig Hitze von unten und oben – low-and-slow lautet die Devise. Sobald sich das Fleisch von den Knochen löst, entfernen Sie das Kraut und geben Sie so viele Kohlen auf den Deckel, wie draufpassen, so zaubern Sie eine Knusper-Kruste.

Pizza-Leberkäse

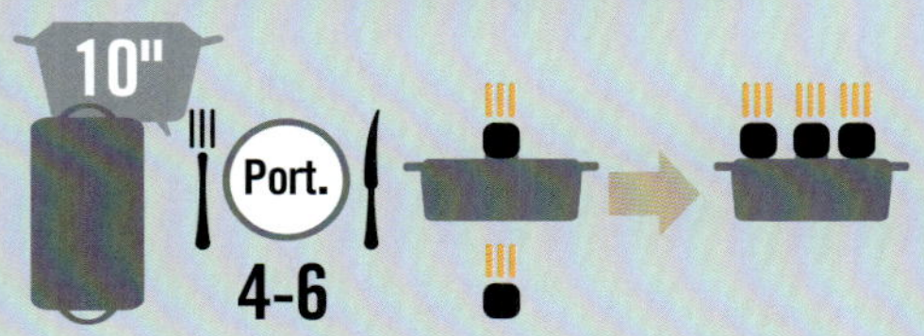

Zutaten

1½ kg Leberkäsebrät

3 Paprika, rot, gelb, grün, in kleine Würfel geschnitten

Käse, gewürfelt, nach Geschmack

Pizza-Gewürz, nach Geschmack

Die Kastenform von Petromax ist ideal, um einen Leberkäse darin zuzubereiten, es geht natürlich auch mit jedem runden Dutch Oven, aber die typische Leberkäseform fehlt dann. Sie können die Masse direkt einfüllen, oder den Leberkäse in einer Aluminiumform backen. Da sich kaum ein Leser mit einem Cutter die Masse selbst herstellen wird, greift man in diesem Fall auf fertig zubereitetes Brät vom Metzger seines Vertrauens zurück.

So wird's gemacht

Geben Sie das Leberkäsebrät in eine Schüssel und dazu die Paprika- und Käsewürfel. Kneten Sie die Einlage mit nassen Händen in das Brät ein und füllen Sie die eingefettete Form bzw. den Dutch Oven. Streichen Sie das Brät mit feuchten Händen glatt und schneiden Sie die Oberfläche mit einem scharfen Messer ein. Backen Sie den Leberkäse je nach Menge und Dicke, als Faustregel gilt 1 Stunde pro Kilogramm. Das Brät muss eine Kerntemperatur von mindestens 90 °C erreicht haben. Dafür benötigen Sie nur wenig Hitze oben und unten. Für die Kastenform bedeutet dies, dass Sie 6 Kohlen an die Form anlegen und 4 Kohlen auf dem Deckel platzieren. Zum Schluss kommen alle Kohle auf den Deckel bzw. auf die Kastenform, um eine Kruste zu zaubern. Vor dem Servieren sollte der Leberkäse einige Minuten bei Zimmertemperatur ruhen. Danach schneiden Sie ihn in Scheiben. Legen Sie die Leberkäsescheiben jeweils in ein Brötchen und servieren Sie süßen Senf dazu. Der kalte Leberkäse kann am nächsten Tag in der Pfanne gebraten werden. Dazu passt ein Spiegelei und Kartoffelpüree.

Pizza-Leberkäse

Prime Rib in Salz

ft18 | Port. 8-12

Zutaten

4 kg Hohe Rippe, am Stück mit Knochen

Kräuter, getrocknet, nach Geschmack, vorzugsweise Thymian und Majoran

15 kg Salz, grob

Manchmal muss es einfach etwas größer sein und da kommt ein Prime-Rib-Roast gerade recht. Dabei handelt es sich um Hohe Rippe am Knochen. Dieses Stück wird in den USA traditionell medium gegart, wie es bei Steaks auch üblich ist. Ein Stück hat 4–5 Rippen und wiegt deutlich über 3 Kilogramm. Mit etwas Zuschneiden und gutem Willen passt das Stück in einen ft12, oder in einen 14" tief, aber ein ft18 ist auf jeden Fall bequemer. Für einen Salzbraten benötigen Sie einen ausreichend großen Dutch Oven, der um das Fleisch herum noch mindestens 2 Fingerbreit Platz bietet und mit einer Durchführung für eine Thermometersonde ausgestattet ist.

Zunächst sollten Sie die Knochen in Form bringen, damit der Braten bequemer passt. Evtl. bitten Sie Ihren Metzger, das zu tun, denn mit einer Bandsäge ist das leichter als mit einer Handsäge oder einem Beil. Das Vorhaben ist so spannend, dass jeder Metzger gerne das Fleisch entsprechend zuschneidet. Achten Sie auf ein möglichst kompaktes Stück, eher quadratisch als länglich.

Sie können den Braten auch komplett vom Knochen lösen und wieder auf die Knochen aufbinden. Das erleichtert später das Tranchieren erheblich. Sie benötigen grobes Meersalz, in der Körnung, die auch für Salzmühlen geeignet ist, wobei die einzelnen Körner etwa die Größe eines Streichholzkopfes haben. Für einen ft12 oder 14" tief benötigen Sie schon 10 kg, besser sind 15 kg. Sie können den Garprozess nicht sehen, da das Fleisch komplett in dem Salz eingeschlossen ist. Bei diesem Rezept ist es sehr schwierig, genaue Zeiten anzugeben, da es sich um ein so spezielles Gericht handelt, das man nicht jeden Tag zubereitet. Gehen Sie aber auf jeden Fall von mindestens 1 Stunde aus, besser 2 und halten Sie das Fleisch dann warm. Es ist aber auf jeden Fall so, dass bei dieser spektakulären Garmethode die Gäste dabei sein wollen und neugierig sind.

So wird's gemacht

Würzen Sie das Fleisch mit den Kräutern, sodass die Außenseite komplett trocken wird. Streuen Sie zum Braten eine fingerdicke Schicht Salz in den Dutch Oven, dann setzen Sie den Braten mit den Rippen nach unten auf das Salz und stechen den Fühler des Thermometers in die dickste Stelle des Fleisches. Jetzt füllen Sie die Freiräume mit dem Salz und bedecken schließlich den Braten mit einer fingerdicken Schicht Salz. Das Fleisch muss komplett mit dem Salz bedeckt sein und der Deckel dicht schließen. Durch die zusätzliche Masse heizt sich der Topf langsamer und gleichmäßiger auf und das Fleisch ist vor zu hoher Strahlungshitze geschützt. Sie sollten bei einem ft12 mit mindestens 10 kg Salz rechnen und besser 20 kg einkaufen, falls Sie doch auf den ft18 ausweichen müssen. Sollte das Salz nicht reichen, dann legen Sie in die großen Freiräume dicke Kartoffeln.

Jetzt kommt wieder die spannende Frage: wie viele Briketts und wie lange? Sie peilen bei dem Stück eine Kerntemperatur von 55 °C an. Die Masse liegt bei 14 kg für den ft12, dazu noch locker 10 kg Salz und 4 kg für den Braten, somit haben Sie insgesamt rund 28 kg. Das will erst mal angeheizt werden. Also sollten Sie mit starker Hitze von oben und unten arbeiten und mit 3 Stunden rechnen und wenn er früher fertig ist, dann kommt er in Alufolie gewickelt zum Ruhen in eine Thermobox. Dort kann er problemlos noch 45 Minuten auf den Anschnitt warten. Ist die Kerntemperatur erreicht, dann müssen Sie den Braten recht schnell aus dem Salzbett herausnehmen. Ein kleiner Hammer ist sehr hilfreich, denn die Salzkruste ist hart wie Stein und muss aufgebrochen werden. Wischen Sie das grobe Salz von dem Fleisch und lassen Sie es abgedeckt in einer Thermobox einige Minuten ruhen. So gleichen sich die Säfte noch aus und die Kerntemperatur steigt noch mal um 2–3 °C. Beim Tranchieren schneiden Sie zuerst das Fleisch komplett vom Knochen und dann in Scheiben. Die Knochen brauchen Sie nicht wegzuwerfen, Sie können diese noch für einen Rinderfond auskochen.

TIPP

Das Salz mit dem Bratensaft ist ein hervorragendes Gewürz mit mehr als nur Salzgeschmack.

Prime Rib in Salz

Fasan auf Weinsauerkraut

Zutaten

1 Fasan, küchenfertig

500 g frisches Sauerkraut (oder 1 Dose Sauerkraut)

1 Zwiebel, fein gehackt

1 Tasse Ananasstückchen (oder Weintrauben)

1 Glas Riesling

1 Lorbeerblatt

einige Scheiben Speck für die Brust

Wasser oder Brühe

Pfeffer und Salz

Fasan kommt nur noch selten auf den Tisch, vermutlich weil es nur noch wenige gibt, die auf der Jagd erlegt werden. Das Wildbret ist leicht süßlich und wird schnell trocken, sodass dem Fleisch die Zubereitung im Dutch Oven sehr entgegenkommt. Das Sauerkraut braucht etwas Süßes und Fruchtiges, entweder frische Weintrauben oder Ananasstückchen.

So wird's gemacht

Schneiden Sie den Fasan am Rücken auf, klappen Sie ihn auf und drücken Sie das Brustbein mit der Hand flach. Würzen Sie mit Pfeffer und Salz. Geben Sie eine Schicht Zwiebeln in den Dutch Oven, dann das Sauerkraut und die Früchte sowie das Lorbeerblatt. Mischen Sie das Kraut ein wenig durch und legen Sie den Fasan mit der Brust nach oben in den Topf. Gießen Sie das Glas Riesling und so viel Brühe an, bis das Kraut halb bedeckt ist.

Bedecken Sie die Brust des Fasans mit dem Speck. So schmoren Sie den Vogel 1 Stunde im Dutch Oven mit wenig Hitze oben und unten. Da es sich bei Fasan um ein Wildtier handelt, lässt sich nicht genau angeben, wie lange der Vogel kochen muss. Sie müssen das immer mal wieder prüfen, indem Sie mit einer Gabel in das Brustfleisch stechen.

Zu Fasan auf Weinsauerkraut passen Schupfnudeln ganz hervorragend.

Cowboy-Steak aus dem Dutch Oven

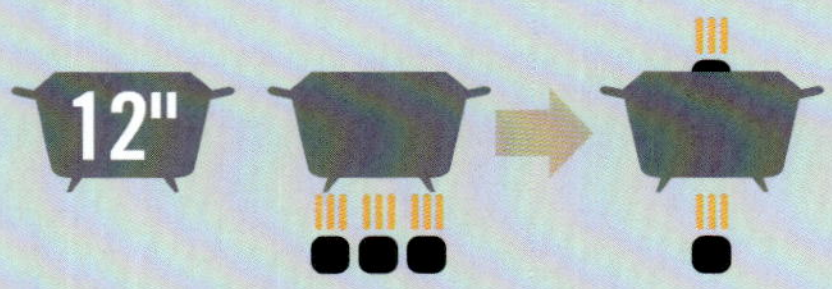

Zutaten pro Person

Steaks, vom Entrecôte, dick geschnitten

Pfeffer und Salz

Fett, hocherhitzbar, zum Anbraten

Ordentliche Steaks sind mindestens 3 Fingerbreit dick und die lassen sich nur in 2 Schritten garen: Zuerst anbraten oder angrillen und dann nachgaren. Das Anbraten geschieht entweder auf der Glut mit einem Gusseisenrost oder in einer Pfanne oder direkt im Dutch Oven. Das Nachgaren passiert aber auf jeden Fall in einem nicht zu heißen Dutch Oven.
Ein perfektes Steak gelingt dem Anfänger meist nur mit Hilfe eines Fleischthermometers. Das macht aber nichts, lieber ein perfektes Steak mit diesem kleinen Hilfsmittel als aus falscher Eitelkeit ein gutes Stück Fleisch in eine Schuhsohle zu verwandeln.
Für das Steakbraten brauchen Sie 2 Dutch Oven, den einen zum Anbraten und den anderen zum Nachgaren. Den Dutch Oven zum Anbraten setzen Sie auf die Kohle und heizen ihn so heiß, wie es geht. Wenn Sie Fett nehmen, dann eine hocherhitzbare Sorte wie Kokosfett.

So wird's gemacht

Den Dutch Oven zum Nachgaren stellen Sie etwas abseits vom Feuer und heizen ihn nur wenig. In das Innere geben Sie entweder ein Rost als Abstandshalter oder 3 kleine Steine und ein rundes Pizzablech.
Zum Braten legen Sie das Steak in den heißen Ofen, wo es sofort anklebt. Lassen Sie es dort so lange liegen, bis es sich von selbst wieder löst. Ist es an der einen Seite richtig braun, dann nehmen Sie es mit einer Zange aus dem Topf und halten es eine Minute in der Luft, sodass der Ofen wieder richtig Hitze aufnehmen kann. In den heißen Ofen legen Sie das Steak nun mit der anderen Seite auf. Nach 1–2 Minuten löst sich das Fleisch wieder vom Gusseisen und Sie nehmen es heraus und platzieren die Sonde des Fleischthermometers in der Mitte des Fleischs, auf keinen Fall darf es an einem Knochen anstoßen. Das verkabelte Fleisch kommt in den zweiten Topf, wo es dann bis zur gewünschten Stufe mit wenig Hitze von oben und unten nachgart. In dem anderen Topf können Sie unterdessen Zwiebeln anschwitzen oder eine Pfeffersauce zaubern, die Resthitze reicht dafür locker aus und die Bratensäfte sind nicht verschwendet.
Sobald die Kerntemperatur 5 °C unter der angestrebten liegt, nehmen Sie das Steak aus dem Dutch Oven heraus und lassen es unter einer Alufolie auf einem angewärmten Teller ruhen. Dabei steigt die Kerntemperatur noch so weit an, dass das Steak auf den Punkt gegart ist. Jetzt nur noch mit Pfeffer und Salz würzen und anrichten.

Cowboy-Steak

Krustenbraten

Zutaten

3 kg Krustenbraten, gepökelt

3–4 Zwiebeln, grob gehackt

2 Tassen Wurzelgemüse, gewürfelt

weißer Pfeffer

Flüssigkeit zum Angießen (Wasser, Brühe, Wein, Bier)

Eines der Standardgerichte im Dutch Oven, aber leider auch eines der schwierigsten, ist ein schöner Krustenbraten. Kaufen Sie das Fleisch fertig gepökelt, denn dann ist es schon gewürzt und bleibt saftig. Die Kunst ist es, eine schön aufgepoppte Kruste zu zaubern, was aber nur mit sehr heißer Kohle gelingt.

Gewusst wie:

Wichtig beim Krustenbraten ist, dass Sie zuerst das Fleisch bei niedriger Temperatur weich garen. Dabei verbrennt die Kruste auch nicht. Erst zum Schluss wird die Kruste aufgeknuspert. Dabei können Sie auch den Bratenfond und das ausgekochte Gemüse entfernen und daraus eine Sauce herstellen. Bedenken Sie, dass ein Krustenbraten eine wirklich knusprige Kruste haben muss, sonst ist es kein Krustenbraten. Sie sollten dieses Gericht niemals zubereiten, wenn die Gäste bereits da sind, denn zum Ende der Garzeit erfordert es Ihre volle Aufmerksamkeit. Gerade bei wenig Übung ist es nicht einfach, die Garzeit so zu steuern, dass es pünktlich fertig ist. Nichts ist ärgerlicher, als hungrige Gäste warten zu lassen.

Das Aufknuspern der Kruste ist ein schwieriges Unterfangen. Für die Kruste brauchen Sie genug Oberhitze, die nur von einem ausreichend großen Deckel geliefert werden kann. Nehmen Sie auf keinen Fall den kleinsten Topf, in den der Braten gerade so gequetscht hineinpasst, denn dann können Sie nicht genug Kohle auf dem Deckel platzieren, um die Kruste rundum aufzupoppen. Meist sind dann gerade mal 1/10 der Kruste, direkt in der Mitte und am höchsten Punkt des Bratens, kross, der Rest aber nicht. Heizen Sie dann länger, wird dieser Punkt schwarz, der Rest aber immer noch nicht knusprig.

Ein weiterer Tipp ist, den Braten, der vorzugsweise schon gespritzt bzw. gepökelt ist, entweder mit ganzen Pfefferkörner zu würzen, die Sie an die Kreuze der Einschnitte stecken oder mit weißem Pfeffer. Das sieht auf dem Fleisch einfach appetitlicher aus als schwarzer gemahlerner Pfeffer und nicht so, als ob ihnen Kohlestaub oder Dreck draufgefallen wäre.

Beim Einschneiden der Kruste sollten Sie bereits an die Scheiben des fertigen Bratens denken, denn die aufgepoppte Schwarte lässt sich schlecht schneiden. Wenn Ihnen das zu umständlich ist, dann schneiden Sie die Schwarte beim Tranchieren komplett ab und zerteilen sie mit einem großen, schweren Messer von der Fettseite her. Dann bekommt jeder Gast eine Scheibe Fleisch und einen Anteil Kruste.

Sollte sich der Braten während des Garens so zusammenziehen, dass er schräg im Dutch Oven liegt, dann schneiden Sie eine Kartoffel oder Zwiebel passend zu, um damit den Braten wieder auszurichten. Dies kommt häufig bei der Unterschale vor, wenn sich ein Muskel zusammenzieht. Generell sollten Sie lieber einen tiefen als einen flachen Dutch Oven nutzen, um eine tieferliegende Schwarte besser ausgleichen zu können.

Bei der Unterschale sind die Fleischpartien ungleichmäßig. Wenn Sie gleichmäßige Scheiben haben wollen, dann nehmen Sie einen Schweinerücken mit Schwarte. Allerdings neigt Schweinerücken dazu, schnell trocken zu werden

So wird's gemacht

Krustenbraten ist ein Gericht, das man in großen Stücken zubereiten muss. Rechnen Sie mit 300–400 Gramm Fleisch pro Person. Ein gepökelter Braten verliert beim Garen etwa 15 % seines Gewichtes: den normalen Bratverlust und zusätzlich das eingespritzte Wasser der Pökellake. Schneiden Sie die Schwarte rautenförmig mit einem Teppichmesser ein, aber nur die Schwarte und evtl. das Fett und auf keinen Fall bis in das Fleisch. Geben Sie die Zwiebeln und das Wurzelgemüse in den Topf und gießen Sie etwas Flüssigkeit an. Garen Sie den Braten zunächst mit wenig Hitze von unten und oben, lieber eine Stunde länger als am Anfang zu heiß. Wenn das Fleisch weich ist, nehmen Sie die Kohlen von unten weg und bedecken den Deckel komplett mit Kohlen, um die Kruste aufzupoppen. Sollte sich ein Teil der Schwarte zu schnell schwarz färben, dann decken Sie diesen Teil mit Alufolie ab. Stellen Sie den fertigen Braten kurz warm und geben Sie die Sauce aus dem Topf durch ein Sieb. Sie können das Gemüse auch mit einem Mixer im Topf pürieren, dann müssen Sie nicht mal die Sauce andicken.

Wichtig ist, dass der krosse Braten sofort auf den Tisch kommt und nicht zu lange warmgehalten wird, das zerstört die Kruste.

Gut zu wissen:

Der Braten passt eigentlich in einen 12" Dutch Oven, Sie sollten aber einen 14" Dutch Oven nehmen, darin ist es einfacher, eine Knusper-Kruste zu zaubern.

Krustenbraten

Gyros-Schichtbraten

Zutaten

1 Schweinenacken, ca. 2,8 kg

1 kg Zwiebeln, in Ringe geschnitten

100 ml Olivenöl

Gyros-Gewürzmischung

Küchengarn

Gyros geht immer, warum nicht auch im Dutch Oven? Der Vorteil ist, dass das Fleisch nach dem Schneiden direkt in Gyros-typische Stücke zerfällt.

So wird's gemacht

Schneiden Sie das Fleisch in lange, dünne Scheiben. Wenn Sie keine Aufschnittmaschine besitzen, können Sie es entweder mit einem langen Messer versuchen oder den Metzger Ihres Vertrauens bitten, dies zu übernehmen. Dann schneiden Sie die möglichst großen Zwiebeln ebenfalls in dünne Ringe. Das Gewürz mischen Sie mit dem Öl, damit es sich besser pinseln lässt. Damit der Braten später eine schöne Form erhält, suchen Sie sich eine passende Kastenform aus, die Sie mit dem Küchengarn auslegen – nicht nur quer, sondern auch längs. Jetzt geht es ans Schichten: Beginnen Sie mit einer Schicht Fleisch, dann pinseln Sie das Gewürz auf das Fleisch und geben eine Schicht Zwiebelringe obendrauf. Jetzt wieder Fleisch, Gewürz und Zwiebeln, die letzte Schicht besteht nur aus Fleisch. Halten Sie einige Zwiebelringe zurück. Binden Sie jetzt den Braten mit Garn zusammen, sodass er beim Herausnehmen aus dem Kasten seine Form behält. Geben Sie ihn vorsichtig in einen Dutch Oven und verteilen Sie die restlichen Zwiebeln auf dem Paket. Garen Sie den Braten 1 Stunde mit wenig Hitze von unten und oben. Die Kerntemperatur sollte bei etwa 70 °C liegen. Sie können dann noch einige Röstaromen hinzufügen, indem Sie die Kohlen von unten mit auf den Deckel legen. Zum Anrichten wird der Braten aus dem Topf genommen und auf einem Schneidebrett möglichst dünn in die typischen Fleischstreifen aufgeschnitten.

Gut zu wissen:

Als Beilage können Sie Krautsalat, Reis, Zaziki und Fladenbrot servieren.

Knusper-Lachs

Zutaten

750 g Lachs oder anderer Fisch

Dijon-Senf

Zitronensaft

1 Paket Salzcracker

100 g Kräuterbutter (s. S. 138)

Pfeffer und Salz

Fisch ist aufgrund seiner kurzen Garzeit eigentlich nicht so gut für einen Dutch Oven geeignet, der ja eigentlich für langes Schmoren bei niedriger Temperatur ausgelegt ist. Da man aber dank der Oberhitze auch gut überbacken kann, kommt Fisch doch wieder ins Spiel.

So wird's gemacht

Geben Sie den Lachs in eine Einweg-Aluschale (sie dient nur der einfacheren Entnahme des gegarten Fisches), beträufeln Sie ihn mit Zitronensaft und würzen Sie mit Pfeffer und Salz. Dann bestreichen Sie den Fisch mit Dijon-Senf. Geben Sie die Cracker in eine Plastiktüte und rollen Sie mit einer Flasche darüber, um feine Krümel zu bekommen. Streuen Sie diese auf den Fisch und geben Sie großzügig Kräuterbutter darauf. Garen Sie den Lachs mit wenig Hitze von unten und mittlerer Hitze auf dem Deckel etwa 15 Minuten. Sollte die Kruste dann noch nicht kross sein, der Fisch aber schon gar, nehmen Sie den Topf von der Unterhitze und legen die unteren Kohlen mit auf den Deckel. Der Fisch ist gar, wenn er sich leicht mit einer Gabel zerteilen lässt.

Gyros-Schichtbraten

Geräucherter Lachs

12" Port. 2

Zutaten

400 g Lachs

Zitronensaft

weißer Pfeffer, gemahlen

Salz

1 Tasse Räuchermehl, Buche, so fein wie Filterkaffee

Fisch kann man im Dutch Oven nicht nur kochen, sondern auch heiß räuchern. Dazu eignen sich besonders Fettfische wie Lachse oder Makrelen, aber auch Forellen. Der Fisch wird filetiert, damit er den Rauch besser annehmen kann. Außerdem benötigen Sie noch feines Buchenholz-Räuchermehl, etwa eine große Tasse voll, einen ft9 oder 12" tief und ein Stapelrost.

So wird's gemacht

Geben Sie eine Tasse Räuchermehl in einer gleichmäßigen Schicht auf den Boden des Dutch Oven und stellen Sie darauf ein Stapelrost. Dann würzen Sie den Fisch mit Zitronensaft, Salz und weißem Pfeffer. Sie sollten den Fisch aber nicht einfach so auf den Rost legen, denn beim Garen tritt Flüssigkeit aus, die das Räuchermehl löschen würde. Nehmen Sie lieber eine Aluschale oder formen Sie eine solche aus Alufolie. Hier ist Einweg angesagt, denn das Kondensat des Rauchs lässt sich nur schlecht entfernen. Sobald diese Konstruktion steht, heizen Sie den geschlossenen Ofen mit so vielen Kohlen, wie darunter passen, der Deckel bleibt frei. Der Boden des Topfes wird weit über 250 °C heiß und das Räuchermehl fängt an zu schwelen. In dieser Phase sollten Sie den Deckel nicht öffnen, da das Räuchermehl in Flammen aufgehen kann, sobald mehr Sauerstoff zugeführt wird. Die Hitze im Ofen sorgt dafür, dass der Fisch gegart wird.

Nach ½–1 Stunde sollte der Fisch goldgelb sein und eine Kerntemperatur von 70 °C erreicht haben. Hier lassen sich nur schwer genaue Zeiten angeben, da die Stücke sehr unterschiedlich dick sein können und die Rauchaufnahme je nach Feuchtigkeit und Fettgehalt des Fisches ebenfalls schwanken kann.

Sie können den Fisch sofort warm essen oder kalt servieren.

Gut zu wissen:

Die Prozedur des Räucherns ist sehr belastend für die Patina des Topfes, aber die Asche am Boden ist nicht so hartnäckig zu entfernen wie das Kondensat an der Unterseite des Deckels. Hier muss zur Not auch einmal mit Spülmittel gearbeitet werden. Fetten Sie den Topf nach dem Reinigen wieder gut ein, um beim nächsten Mal genügend Fett zum Einbrennen der Patina zu haben.

Geräucherter Lachs

Colafleisch

Zutaten

1½ kg Rinderbraten (Hochrippe, Tafelspitz oder ähnliche Schmorstücke)

4 große Zwiebeln, grob gehackt

1 l Cola (Sorte egal)

500 ml Lieblings-BBQ-Sauce oder asiatische Sweet-Chili-Sauce

1 Glas Sauerkirschen, die Hälfte des Saftes

Pfeffer und Salz

Fett zum Braten

Neben Schichtfleisch ist Colafleisch ein Standardgericht im Dutch Oven und man sollte es auf jeden Fall einmal probieren. Wem die Sauerkirschen komisch vorkommen, der lässt sie einfach weg. Colafleisch wird wie eine Fleischsauce auf Nudeln, Klößen oder Spätzle gegessen, man kann es aber auch, etwas abgetropft, wie Pulled Pork zwischen zwei Brötchenhälften legen.

So wird's gemacht

Braten Sie das Fleisch kräftig von allen Seiten an und würzen Sie es mit reichlich Salz und Pfeffer. Legen Sie es in einen Dutch Oven und geben Sie die restlichen Zutaten dazu. Mit wenigen Kohlen unter dem Topf sollte das Gericht wenigstens 3 Stunden köcheln. Sobald das Fleisch so weich ist, dass Sie es problemlos mit der Gabel auseinander zupfen können, ist es fertig. Mischen Sie das zerrupfte Fleisch mit der Sauce und servieren Sie es nach Belieben.

Cowboy-Burritos mit Salsa-Sauce

Zutaten

8 Weizentortillas

500 g Hackfleisch, halb und halb

1 Zwiebel, groß, gewürfelt

1 Paprika, gewürfelt

1 Jalapeño, gewürfelt

250 g Cheddar, gerieben

1 Knoblauchzehe, fein gehackt

10 Eier

BBQ-Gewürzmischung nach Wahl

Butter zum Bestreichen

Pfeffer und Salz

Fett zum Braten

Was noch in die Füllung kann

Tomaten, Baconwürfel, vorgekochte Kartoffeln, Bohnen, Mais

Bei Burritos handelt es sich um gerollte Weizentortillas, die mit Fleisch und Gemüse oder Salat gefüllt sind und auch gerne überbacken werden. Eine Burrito-Füllung besteht eigentlich aus einem Resteessen, also können Sie hier nehmen, was weg muss – auch etwas Schärfe schadet nicht. Burritos sind in der amerikanisch-mexikanischen Küche ein typisches Gericht zum Frühstück.

Für die Salsa-Sauce

500 g Tomaten, gewürfelt

1 Zwiebel, gewürfelt.

1 Paprika, gewürfelt

1 kleine Dose Mais

1–3 Jalapeños, Samen entfernt und fein gewürfelt

1 Knoblauchzehe (oder mehr), fein gehackt

Saft einer Zitrone

1 EL Olivenöl

1 Strauß Koriander

Pfeffer und Salz

So wird's gemacht

Vermischen Sie für die selbstgemachte Salsa-Sauce alle Zutaten miteinander und stellen Sie sie einige Stunden kalt.
Braten Sie das Mett im Dutch Oven gut durch. Geben Sie die Zwiebel, die Paprika, den Knoblauch und die Jalapeño dazu und braten Sie alles, bis die Zwiebelwürfel glasig werden. Würzen Sie die Mischung mit einem Grillgewürz Ihrer Wahl. Nehmen Sie die Zutaten aus dem Dutch Oven und stellen Sie sie zur Seite. Dann geben Sie erneut etwas Fett in den Dutch Oven (oder in einen tiefen Deckel) und bereiten aus den Eiern ein Rührei zu. Würzen Sie mit Pfeffer und Salz. Legen Sie die Tortillas aus und geben Sie auf jeden Fladen etwas von der Fleischfüllung, dem Rührei und dem Käse. Behalten Sie etwas Käse zum Überbacken zurück. Rollen Sie die Burritos zusammen und bestreichen Sie sie mit zerlassener Butter. Legen Sie 4 Burritos nebeneinander in einen gefetteten Dutch Oven und bestreuen Sie sie mit dem übrigen Käse. Nach 10–15 Minuten mit wenig Hitze unten und mittlerer Hitze oben sollten die Burritos heiß sein und der Käse zerlaufen. Wiederholen Sie den Vorgang mit den anderen 4 Burritos. Servieren Sie sie mit der selbstgemachten Salsa-Sauce.

Cowboy-Burritos

Tartiflette

Zutaten

1 kg Pellkartoffeln, gekocht und geschält, in dicke Scheiben geschnitten

250 g Speck, gewürfelt

4 große Zwiebeln, in feine Ringe geschnitten

250 g Reblochon de Savoie

250 ml Crème fraîche

250 ml Weißwein, trocken

Pfeffer und Salz

Butter zum Anbraten

Dieses französische Arme-Leute-Gericht besteht aus Kartoffeln, Zwiebeln, Speck und Käse, da kann man eigentlich nichts falsch machen. Einzige Schwierigkeit ist die Beschaffung des Käses, ein spezieller rahmiger, halbfester Schnittkäse, genannt „Reblochon de Savoie". Wenn Sie ihn nicht im Feinkostladen erwerben können oder im Internet bestellen möchten, dann geht aber auch der heute überall erhältliche Ofenkäse.

So wird's gemacht

Braten Sie im Dutch Oven 12" (ein 10" geht auch, aber je mehr Fläche zum Überbacken, desto besser) die Speckwürfel in der Butter an. Geben Sie dann die Zwiebeln und die Kartoffelscheiben dazu und braten Sie diese ebenfalls kräftig an. Würzen Sie mit Pfeffer und Salz und geben Sie den Wein und die Crème fraîche dazu. Lassen Sie alles einige Minuten simmern. Schneiden Sie den Käse waagerecht durch und legen Sie ihn mit der Rinde nach unten auf die Kartoffelmasse. Mit wenig Hitze unten und mittlerer Hitze oben 20 Minuten backen. Achten Sie darauf, dass der Käse zwar schön zerläuft, aber nicht zu dunkel wird. Nach etwa 20 Minuten rühren Sie die Masse einmal um und überbacken dann das Gericht mit sehr viel Oberhitze, indem Sie die unteren Kohlen auf den Deckel legen.

Gut zu wissen:

Hierzu passt ein trockener, eiskalter Weißwein und einige Calvados.

Potthucke

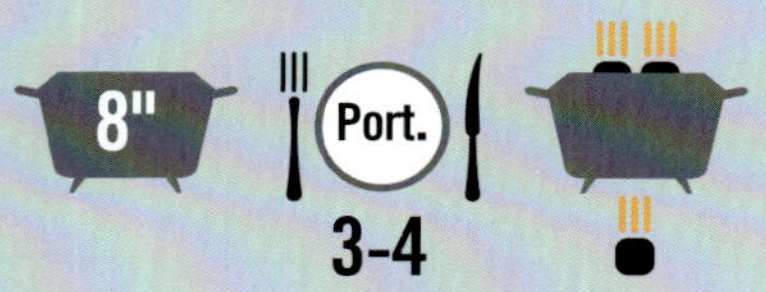

Zutaten

1 kg Kartoffeln

2 Zwiebeln

3 Eier

100 g Mehl

2–3 Mettenden oder Frankfurter Würstchen

Butter, zum Einfetten

Pfeffer und Salz

Ein echtes westfälisches Gericht, das sehr sättigend ist. Henriette Davidis machte es im 19. Jahrhundert unter dem Namen „Puffert" im ganzen Land bekannt. Heute gibt es in vielen Bundesländern Varianten und so gibt es auch im Rheinland ein ganz ähnliches Gericht, das unter anderem „Döppekooche" genannt wird. Im Westerwald kennt man es überwiegend als „Datschert".

So wird's gemacht

Reiben Sie die Kartoffeln und die Zwiebeln in eine Schüssel, geben Sie die Eier und das Mehl hinzu, würzen Sie mit Pfeffer und Salz und mischen Sie alles gut durch. Dann fetten Sie den Dutch Oven (oder eine Petromax Kastenform) und geben die Hälfte der Masse in die Form. Darauf kommen die Mettenden bzw. Frankfurter Würstchen. Schichten Sie dann den Rest der Kartoffelmasse darüber und backen Sie mit wenig Hitze von unten und mittlerer Hitze von oben etwa 1 Stunde, bis die Masse fest ist und die Oberfläche schön gebräunt.

Sie können die Potthucke sofort in Scheiben schneiden und servieren, oder die Scheiben am nächsten Tag in einer Pfanne von beiden Seiten knusprig anbraten.

TIPP

Sie können das Gericht auch mit fertigem Reibekuchenteig zubereiten, gerade für Camper ist dies deutlich einfacher, als die Kartoffeln zu reiben.

Potthucke

Röhrenklump

Zutaten

2 kg Kartoffeln

4 Zwiebeln, groß

4 EL Mehl

8 Eier

Speck für den Dutch Oven (Grüner Speck, kein Bacon, wenn möglich)

Pfeffer und Salz

Der Röhrenklump ist eines der vielen Braunschweiger Kartoffelgerichte meiner Kindheit, und liegt wie ein Stein im Magen.Vermutlich einer der Gründe, warum dieses herrlich bodenständige Gericht vom Aussterben bedroht ist. Ursprünglich wird eine Auflaufform mit fettem Speck ausgelegt, dann kommt die Kartoffelpuffer-Masse hinein und der Röhrenklump wird im Ofen ausgebacken. Der Name kommt daher, dass der Pufferteig nicht als Plätzchen gebacken wird, sondern als „Klumpen" in der Backröhre. Gegessen wird er mit Sauerkraut. Es gibt auch die Variante, dass die Masse über das Sauerkraut gegeben und beides zusammen in einer Form im Ofen gebacken wird. Dann fehlt aber ein Großteil der begehrten Kruste. Also lieber das Sauerkraut separat zubereiten.

So wird's gemacht

Legen Sie den Dutch Oven mit Speckstreifen aus. Reiben Sie die Kartoffeln und Zwiebeln und verrühren Sie beides mit dem Mehl und den Eiern. Würzen Sie die Masse mit Pfeffer und Salz und geben Sie sie in den Dutch Oven. Legen Sie noch einige Streifen Speck auf die Oberfläche.

Mit wenig Hitze unten und mittlerer Hitze oben wird der Röhrenklump etwa 2 Stunden gebacken, bis sich die Masse innen gesetzt hat und fest geworden ist. Der Speck auf der Oberfläche sollte fast verschwunden und nur noch wenige Grieben vorhanden sein. Zum Schluss legen Sie alle Kohlen auf den Deckel, bis der gewünschte Bräunungsgrad erreicht ist.

Lasagne

Zutaten

1 Paket Lasagneplatten, nicht vorgekocht (Sie brauchen etwa ein halbes Paket, aber besser Sie haben einige Platten übrig als zu wenig)

Käse zum Überbacken

Für die Bolognese

500 g Hackfleisch, halb und halb

2 Zwiebeln, gewürfelt

1 Paprika, gewürfelt

2 Knoblauchzehen, gepresst

500 ml Tomaten, geschält und passiert

1 EL Tomatenmark

1 EL Oregano, getrocknet

Pfeffer und Salz

Fett zum Braten

Für die Béchamelsauce

2 EL Mehl

500 ml Milch

2 EL Butter

Muskatnuss

Pfeffer und Salz

Eine Lasagne eignet sich perfekt für den Dutch Oven, denn sie gart sowohl von unten als auch von oben. Sie können aber auch eine gusseiserne Kastenform mit Deckel verwenden und dann ganz leicht quadratische Portionen schneiden. Auch lässt sich eine eckige Form einfacher mit den Lasagneplatten bestücken als ein runder Topf.

So wird's gemacht

Bereiten Sie zuerst die Béchamelsauce zu, indem Sie in einer Pfanne (oder einem tiefen Deckel des Dutch Oven) die Butter schmelzen und anschließend das Mehl hineinstäuben. Wenn die Sauce etwas Farbe bekommen hat, geben Sie die Milch hinzu. Lassen Sie die Sauce unter Rühren mit einem Schneebesen einmal aufkochen und dann so lange leicht simmern, bis sie bindet und sämig wird.

Für die Bolognese braten Sie das Hackfleisch in etwas Öl im Dutch Oven kräftig an, geben Sie die Zwiebeln, die Paprika, den Knoblauch und das Tomatenmark dazu. Sobald die Zwiebeln glasig sind, löschen Sie mit den passierten Tomaten ab, geben die Gewürze dazu und lassen die Masse aufkochen. Schmecken Sie noch einmal ab, es darf ruhig etwas überwürzt schmecken, da die Lasagneplatten Flüssigkeit aufnehmen.

Geben Sie zunächst etwas Béchamelsauce in die Form bzw. den Dutch Oven, legen Sie eine Schicht Lasagneplatten darüber und darauf kommt eine gute Portion der Sauce Bolognese. Dann immer abwechselnd Platten und Bolognese hineingeben, bis der Dutch Oven gefüllt ist. Die letzte Schicht besteht stets aus Lasagneplatten, auf die Sie die restliche Béchamelsauce verteilen. Bestreuen Sie zum Schluss alles mit grob geriebenem Käse und backen Sie die Lasagne mit wenig Hitze von unten und mittlerer Hitze von oben 30–45 Minuten. Die Nudelplatten sollten weich sein und der Käse gebräunt.

Lasagne

BEILAGEN UND GEMÜSE

Doppelt gebackene Kartoffeln

Zutaten

8 Grillkartoffeln

1 Tasse Speckwürfel, gebraten

1 Tasse Cheddar

1 Zwiebel, fein gewürfelt

1 Becher Schmand

100 g Butter

Milch

Käse zum Überbacken, Sorte nach Geschmack

Pfeffer und Salz

Eine wirklich leckere Beilage, die auch aus übrig gebliebenen Baked Potatoes (s. S. 124) gemacht werden kann. Je nach Größe der Kartoffeln brauchen Sie einen 14" flach und müssen den dann ggf. zweimal beladen.

So wird's gemacht

Backen Sie 8 Grillkartoffeln mit wenig Hitze von unten und starker Hitze von oben im Dutch Oven, bis sie gar sind. Lassen Sie diese etwas abkühlen. Dann schneiden Sie die Kartoffeln längs durch und kratzen mit einem Löffel das Innere heraus. Lassen Sie die Schale sowie einen dünnen Rand Kartoffel intakt, da diese später wieder gefüllt wird. Mischen Sie die ausgekratzte Kartoffelmasse mit den Speckwürfeln, den Zwiebelwürfeln, dem Käse, der Butter und dem Schmand in einer großen Schüssel und würzen Sie alles mit Pfeffer und Salz. Sollte das Ganze zu trocken sein, dann geben Sie noch Milch dazu, bis eine streichfähige Masse entstanden ist. Befüllen Sie die Kartoffelschiffchen mit dieser Mischung und streuen Sie weiteren Käse darauf. Überbacken Sie die Kartoffeln mit viel Oberhitze im Dutch Oven, bis sie vollständig erhitzt sind und der Käse zerlaufen ist.

Rotweinbirnen mit Preiselbeeren

Zutaten

4 reife Birnen, geschält

1 Zimtstange

5 Nelken

Preiselbeerkonfitüre

Saft einer Zitrone

1 l Rotwein

Eine leckere Beilage zu Wildgerichten.

So wird's gemacht

Halbieren Sie die geschälten Birnen und entfernen Sie das Kerngehäuse, hier soll später die Konfitüre eingefüllt werden. Schneiden Sie die Unterseiten der Birnen ab, damit Sie eine waagerechte Standfläche bekommen. Setzen Sie die Birnen in einen 12" Dutch Oven (oder einen 10" tief) und geben Sie die Gewürze und den Wein dazu. Wenn der Wein nicht reichen sollte und die Birnen nicht komplett bedeckt, füllen Sie mit Wasser auf. Kochen Sie die Birnen mit Unterhitze weich und legen Sie sie anschließend zum Abkühlen auf eine Platte. Befüllen Sie die Birnen-Aushöhlungen mit der Preiselbeerkonfitüre.

Rotweinbirnen mit Preiselbeeren

Sauerkraut-Auflauf

Zutaten

2 kg Kasselernacken

1½ kg Sauerkraut, vorgekocht, oder aus der Dose

1½ kg Kartoffeln, am Vortag gekocht, in Stücke geschnitten

3 Zwiebeln, groß, grob gewürfelt

250 ml Sahne

500 ml saure Sahne

250 g Emmentaler, gerieben

1 TL Paprika, edelsüß

Pfeffer und Salz

Fett zum Braten

Aus Sauerkraut können Sie auch einen Auflauf zubereiten, dann gibt es alles in einem Topf und es eignet sich nicht nur als Beilage.

So wird's gemacht

Schneiden Sie das Fleisch in mundgerechte Stücke und braten Sie es im Dutch Oven an. Geben Sie dann die Zwiebeln dazu und braten Sie diese, bis sie glasig sind. Schichten Sie zuerst die Kartoffeln, dann das Sauerkraut und dann das Fleisch mit den Zwiebeln in den Dutch Oven. Die Zutaten reichen meist noch für eine zweite Schicht. Mischen Sie die saure und süße Sahne mit dem Paprikapulver, würzen Sie mit Pfeffer und Salz und gießen Sie diese Mischung über den Auflauf. Als Abschluss geben Sie den Käse auf die Masse. Da nun alle Zutaten vorgekocht sind, muss der Auflauf nur noch heiß werden und der Käse überbacken. Bei wenig Hitze unten und mittlerer Hitze oben dauert das etwa ½ Stunde. Legen Sie zum Ende hin alle Kohlen auf den Deckel, um den Käse schön zu bräunen. Der Topf sollte halb mit Flüssigkeit gefüllt sein, ansonsten gießen Sie noch etwas Wasser oder Brühe nach.

Mac'n'Cheese

Zutaten

300 g Hörnchennudeln oder Makkaroni, al dente gekocht

3 EL Butter

3 EL Mehl

3 Tassen Milch

2 Tassen Cheddar oder Emmentaler (wer es milder mag), gerieben

Pfeffer und Salz

Für die Kruste

1 Tasse Paniermehl

3 EL Butter

½ Tasse Parmesan, gerieben

Diese Beilage ist ein Muss auf jedem amerikanischen BBQ-Buffet. Die Makkaroni lassen sich auch schon einen Tag vorher kochen, dann müssen Sie sie allerdings unter fließendem Wasser abspülen und etwas einölen, damit sie nicht zusammenkleben.

So wird's gemacht

Kochen Sie die Nudeln bissfest und gießen Sie das Wasser ab. Schmelzen Sie die Butter im Dutch Oven und geben Sie das Mehl dazu, warten Sie, bis die Mischung etwas Farbe angenommen hat. Fügen Sie die Milch hinzu und streuen Sie nach und nach den Käse in den Topf, sodass sich eine dicke Sauce bildet. Schmecken Sie mit Pfeffer und Salz ab, Sie dürfen ruhig etwas überwürzen, denn die Nudeln nehmen viel Geschmack auf. Geben Sie die heißen Nudeln in den Dutch Oven und rühren Sie alles gut unter. Für die Kruste schmelzen Sie in einer Pfanne (oder dem Deckel des Dutch Oven) die zweite Portion Butter und rühren das Paniermehl und den Parmesankäse unter, warten Sie, bis es etwas bräunt. Geben Sie die Paniermehl-Mischung auf die Nudeln und backen Sie diese mit wenig Hitze unten und mittlerer Hitze oben zunächst 15 Minuten, damit auch die Masse unten heiß wird. Geben Sie zum Ende hin alle Kohlen auf den Deckel, bis die Kruste goldbraun und knusprig ist.

Mac'n'Cheese

Baked Beans – gebackene Bohnen

Zutaten

2 kg weiße Bohnen, getrocknet

500 g Rippenspeck, in Stücke geschnitten

2 Zwiebeln, groß, gewürfelt

2 Tassen brauner Zucker

2 EL Senfkörner, frisch gemahlen

1 EL Pfefferkörner, frisch gemahlen

Salz zum Abschmecken

Wasser

Bohnen sind eines der Gerichte, für die der Dutch Oven wie geschaffen ist. Früher wurden bei den Viehtrecks jede Menge getrocknete Bohnen – sogenannte Whistle berries – mitgeführt. Diese sorgten für die notwendige Eiweißzufuhr, denn Fleisch war knapp. Das Fleisch auf den Hufen wurde nicht angefasst, denn es war das Kapital und der Gewinn des Ranchers. Wenn mal ein Tier notgeschlachtet werden musste, dann gab es Rindfleisch, ansonsten das billigere gesalzene Schweinefleisch. Authentische gebackene Bohnen bestehen aus wenigen Zutaten und viel Zeit. Neben den weißen, kleinen getrockneten Bohnen, die vor dem Kochen eine Nacht gewässert werden, kommen noch Speck, Zwiebeln, Pfeffer, Salz, Senfpulver und brauner Zucker oder Melasse in den Dutch Oven. Alles Zutaten, die der Coosie ohnehin an Bord hatte und die sich für fast alle weiteren Rezepte aus dem Cowboy-Repertoire verwenden ließen. Die Bohnen werden nach dem Einweichen abgetropft und das Einweichwasser weggeschüttet, man macht es für die Flatulenzen verantwortlich.
Wichtig ist zu wissen, dass authentische Baked Beans ohne Tomaten auskommen. Dosenbohnen, Dosentomaten und viel Chilipulver sind keine gebackenen Bohnen im traditionellen Sinn. Die Bohnen erhalten ihre Schärfe durch das Senfpulver und den schwarzen Pfeffer, die Konsistenz durch die lange Garzeit. Dieses Rezept ist sehr authentisch und entspricht den Bohnen, die so auf den Viehtrecks gegessen wurden.

So wird's gemacht

Weichen Sie die Bohnen am Vorabend in reichlich Wasser ein und gießen Sie es am nächsten Tag ab. Braten Sie den in pflaumengroße Stücke geschnittenen Speck mit den Zwiebeln im Dutch Oven an. Geben Sie die Bohnen und so viel Wasser dazu, dass sie gut bedeckt sind. Backen Sie die Bohnen, mit wenig Hitze von oben und unten, ohne weiteres Gewürz, bis sie fast gar sind. Jetzt erst geben Sie die Gewürze und den Zucker hinzu, aber nicht das Salz. Sobald die Bohnen gar sind, nach etwa 2 Stunden, salzen Sie und schmecken Sie alles einmal ab. Sie sollten das Salz schon kräftig herausschmecken, denn die Bohnen nehmen noch etwas davon auf.
Die Herausforderung dieses Gerichts besteht in der langen Kochzeit. Legen Sie immer mal wieder wenige Kohlen nach und zünden Sie die neue Kohle an der bereits glühenden an. Noch besser geht es im Erdofen.

TIPP Sollten die Bohnen nicht weich werden, geben Sie einen Teelöffel Natron dazu. Vorsicht, es schäumt!

Mealie-Pap (Maisbrei)

Zutaten

1½ l Wasser, kalt

500 g Maismehl (fein wie Puder), vorzugsweise den echten Mealie-Pap aus weißem Mehl

1 Brühwürfel

Butter, nach Belieben

1 EL Salz

In Afrika ist Mealie-Pap eine einfache Beilage und Hauptnahrungsmittel.

So wird's gemacht

Geben Sie das kalte Wasser, den zerbröselten Brühwürfel und das Salz in einen Dutch Oven. Dann schütten Sie das Mehl in das kalte Wasser und schlagen es kräftig mit einem Schneebesen durch, bis keine Klumpen mehr zu sehen sind. Stellen Sie den Topf auf die Kohlen und bringen Sie die Flüssigkeit unter Rühren zum Kochen. Nach und nach quillt das Mehl auf und der Brei wird fest, wechseln Sie dann zu einem Holzlöffel. Sollte der Brei zu fest werden, dann strecken Sie ihn mit ein wenig Wasser. Ist er zu flüssig, dann geben Sie noch etwas Mehl dazu. Kurz vor dem Servieren schlagen Sie nach Geschmack etwas Butter unter.
Der echte Mealie-Pap hat nichts mit dem gelben Maisgries für Polenta zu tun. Mealie-Pap ist zwar auch aus Mais, aber dieser wird vor dem Mahlen geschält und ist darum weiß. Bei Grillveranstaltungen wird der Pap deutlich trockener zubereitet, damit er besser Saucen aufnehmen kann. Dieser Maisbrei wird „Stywe-Pap" genannt.

TIPP Ein einfaches Mischungsverhältnis ist eine Tasse Mehl und 2 Tassen Wasser, das funktioniert immer!

Lamm-Curry mit Mealie-Pap und Chakalaka

Kartoffelgratin

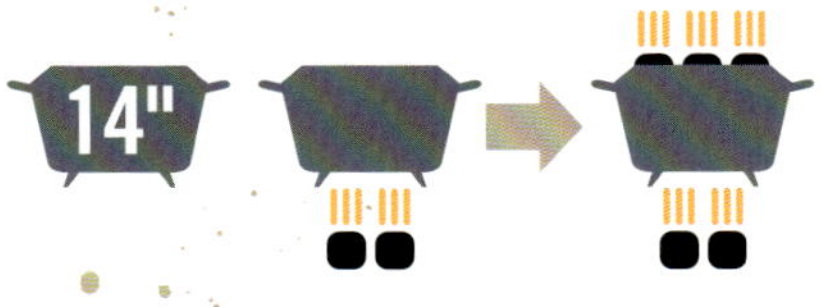

Zutaten pro Person

1–2 Kartoffeln, groß, geschält, in Scheiben geschnitten

½–1 Zwiebel, gewürfelt

100 g Speck, gewürfelt

100 g geriebener Käse zum Überbacken

1 Tasse Sahne

Pfeffer und Salz

Kartoffelgratin aus dem Dutch Oven ist eine sättigende und schnell gekochte Beilage. In einem 14er Dutch Oven kann man eine Beilage für etwa 15 Personen kochen. Soll es nicht ganz so mächtig sein, können Sie die Sahne durch Milch ersetzen. Wenn man hingegen mehr Speck dazugibt, erhält man eine wohlschmeckende Hauptspeise.

So wird's gemacht

Schichten Sie zunächst eine Lage Kartoffeln in den Dutch Oven, belegen Sie diese mit Zwiebel- und Speckwürfeln und salzen und pfeffern Sie kräftig. Je nach Geschmack können auch andere Gewürze, wie z. B. scharfes Paprikapulver etc. verwendet werden. Es folgt wieder eine Schicht Kartoffeln, geben Sie Speck und Zwiebeln obendrauf und schichten Sie in dieser Reihenfolge weiter – schließen Sie mit einer Lage Kartoffeln ab. Gießen Sie zum Schluss die Sahne hinzu, sodass der Dutch Oven etwa zur Hälfte gefüllt ist.

Lassen Sie das Gratin zunächst im Dampf garen, dazu setzten Sie einfach den Deckel auf den Dutch Oven. Die Kartoffeln brauchen ca. 20 Minuten, bis sie weich sind. Streuen Sie nun den Käse über die Kartoffeln und warten Sie, bis er zerlaufen und leicht gebräunt ist. Bedecken Sie dazu den Deckel komplett mit Kohlen, aber belassen Sie unten die mittlere Hitze. Servieren Sie das Dutch-Oven-Kartoffelgratin möglichst heiß.

Kartoffel-Wedges

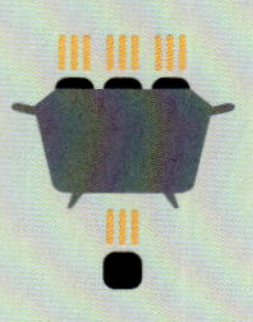

Zutaten

Kartoffeln, klein, länglich, vorzugsweise mit dünner Schale (z. B. Drillinge)

Lieblings-Rub

Öl, zum Einfetten

Jeder Fan der amerikanischen Küche kennt Kartoffel-Wedges: Spalten aus kleinen, dünnschaligen Kartoffeln, die hervorragend als Beilage zu Gegrilltem passen. Wedges sind nicht nur sehr beliebt, sondern auch noch sehr einfach zuzubereiten.

So wird's gemacht

Waschen und schrubben Sie die Kartoffeln sauber, da sie mit der Schale verzehrt werden. Dann schneiden Sie die Kartoffeln längs in Viertel. Zum Würzen nehmen Sie Ihren favorisierten BBQ-Rub. Je nach Salzgehalt des Rubs tauchen Sie die Spalten entweder direkt mit der Schnittfläche in die Gewürzmischung, oder Sie streuen nur wenig auf die Schnittflächen. Geben Sie die Spalten mit der Schale nach unten in einen leicht geölten Dutch Oven. Mit wenig Hitze von unten und viel Hitze von oben garen Sie die Kartoffeln, bis sie innen weich und die Ecken goldbraun sind – machen Sie einfach einen Test mit einer Gabel. Da hier viele Faktoren eine Rolle spielen, ist es schwierig, eine genaue Zeitangabe zu machen. ½ Stunde ist aber das Minimum.

Sollten die Spalten zu trocken sein, sodass der Rub nicht hält, bestreichen Sie die Schnittflächen vorher mit etwas Öl.

TIPP

Fangen Sie mit der Zubereitung rechtzeitig an, sodass die Kartoffeln auf jeden Fall pünktlich fertig werden und halten Sie diese dann einfach mit ganz wenigen Kohlen unter dem Topf und auf dem Deckel warm.

Kartoffel-Wedges

Baked Potatoes

Zutaten

Kartoffeln

Salz, grob

Zu einem zünftigen BBQ gehören auch gebackene Kartoffeln. Diese Baked Potatoes sind im Dutch Oven recht einfach zuzubereiten. Sie geben sie einfach in ein Salzbett und nach einer Stunde sind die Kartoffeln fertig – übrigens im Sommer mit Quark ein herrliches Hauptgericht.

So wird's gemacht

Damit Baked Potatoes ihren typischen Geschmack bekommen, brauchen Sie mehligkochende Kartoffeln und grobes Salz. Verteilen Sie auf dem Boden des Dutch Oven eine fingerbreite Schicht Salz, dann drücken Sie die Kartoffeln vorsichtig einzeln hinein. Geben Sie den Deckel auf den Topf und backen Sie die Kartoffeln bei mittlerer Hitze von oben und unten. Stechen Sie die Kartoffeln nach 1 Stunde mit einer Gabel an, um zu prüfen, wie weit sie sind. Da Kartoffeln sehr unterschiedlich garen, kann man keine genaue Zeit angeben, wann sie verzehrbereit sind. Daher sollten Sie mit der Zubereitung der Kartoffeln lieber früher anfangen und diese, sobald sie fertig sind, mit wenig Glut auf dem Deckel warmhalten. Sie leiden geschmacklich nicht darunter und es ist allemal besser, als halbgare Kartoffeln aufzutischen.
Noch leckerer werden die Kartoffeln, wenn Sie mit einer Marinadenspritze flüssige Butter oder Kräuterbutter in die gegarten Knollen spritzen. Lassen Sie die Kartoffel dann noch 10 Minuten im Dutch Oven, damit sich die Butter verteilen kann.

Rotkohl

12" Port. 4

Zutaten

1 kg Rotkohl, frisch

1 Zwiebel

1 säuerlicher Apfel (z. B. Boskoop), gewürfelt

1 Lorbeerblatt

3 Nelken, nach Belieben

3 Körner Piment, nach Belieben

1 Prise Zucker

Pfeffer und Salz

Essig

Brühe oder Wasser

Öl zum Braten

Frisch zubereitet und auf den Punkt gegart ist Rotkohl eine Delikatesse. Nur allzu oft bekommt man ihn aber zermatscht und blass vorgesetzt. Rotkohl braucht immer einen Spritzer Essig, denn durch die Säure behält er seine schöne Farbe.

So wird's gemacht

Schneiden Sie den frischen Rotkohl in dünne Streifen. Erhitzen Sie etwas Öl im Dutch Oven und geben Sie die Zwiebeln dazu. Braten Sie den Kohl portionsweise an, damit er etwas zusammenfällt. Fügen Sie die Apfelstücke hinzu und gießen Sie alles mit Brühe oder Wasser auf. Ein guter Schuss Essig, Pfeffer und Salz und 1 Prise Zucker sind Pflicht. Als Gewürze bieten sich darüber hinaus noch Nelken, Piment sowie das obligatorische Lorbeerblatt an. Kochen Sie den Kohl mit wenig Kohlen von unten etwa 20 Minuten. Bitte nicht übergaren, er sollte noch Biss haben. Vor dem Servieren fischen Sie die Nelken, den Piment und das Lorbeerblatt heraus.

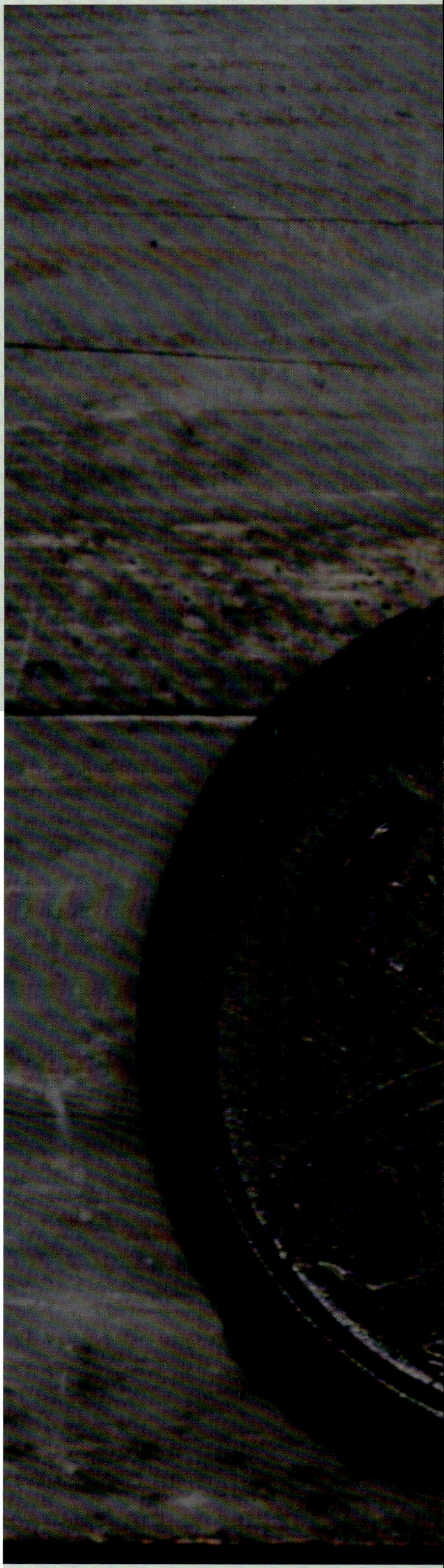

Baked Potatoes

Krautsalat

Port.
4

Zutaten

1 Weißkohl

1 Karotte, nach Belieben für Farbakzente

2 Zwiebeln, gewürfelt

1 Tasse Öl

3 Tassen Essig

1 Flasche Mineralwasser

1 Tasse Zucker

2 EL Salz

1 TL Pfeffer

Auch wenn man den Krautsalat natürlich nicht im Dutch Oven zubereitet, gehört er beim Pulled Pork (s. S. 154) oder beim Gyros-Schichtbraten (s. S. 104) einfach dazu. Ich empfehle eine Version ohne Mayonnaise, weil diese im Sommer draußen haltbarer ist. Für einen guten Krautsalat ist es wichtig, den Kohl sehr dünn zu schneiden. Das geht gut mit einer Aufschnitt- bzw. Brotmaschine oder mit einer Mandoline (Gemüsehobel). Da sich der Krautsalat etliche Tage hält, können Sie ihn in Ruhe zuhause in der Küche vorbereiten.

So wird's gemacht

Schneiden Sie den Weißkohl in 4 Teile und entfernen Sie die äußeren Blätter. Der Strunk bleibt drin, da er den Kohl beim Raspeln zusammenhält. Dann raspeln oder schneiden Sie den Kohl in feine Streifen und geben ihn in eine Schüssel, der Strunk wird weggeworfen. Nun kommen die Zwiebeln und die Karotten zum Kohl. Bereiten Sie aus den übrigen Zutaten ein Dressing zu und vermischen Sie dieses mit dem Kohl und den Zwiebeln. Lassen Sie den Krautsalat mindestens über Nacht, besser 24 Stunden, durchziehen. Sie können den Salat auch mit einem Teller und einem Gewicht beschweren, damit er besser im Dressing liegt. Gießen Sie den Großteil der Flüssigkeit ab und servieren Sie den Krautsalat. Möchten Sie den Salat länger aufheben, sollte Sie ihn in der Flüssigkeit belassen und mit einem sauberen Salatbesteck immer nur die Menge entnehmen, die Sie gerade benötigen.

Süßkartoffelpommes

Zutaten

Süßkartoffeln

BBQ-Gewürzmischung, nach Belieben

Zum Frittieren

Kartoffelstärke

Frittierfett oder Öl

Zum Backen

Salz

Öl

Dip oder Steaksauce, nach Wahl

Mit dem Einzug der amerikanischen BBQ-Kultur hat sich auch die Süßkartoffel in Deutschland einen Namen gemacht. In den Südstaaten von Amerika war sie die Speise der Sklaven auf den Plantagen. Außerdem wurden Opossums mit ihr gefüllt. Heute sind Süßkartoffel-Fries (Pommes) eine leckere Beilage oder ein Snack. Süßkartoffeln sind keine „echten" Kartoffeln und werden schneller gar.

So wird's gemacht

Schälen Sie die Süßkartoffeln, schneiden Sie sie in Scheiben und diese Scheiben wiederum zu Stäbchen, sodass die entstandenen Pommes etwas dicker sind als normale Kartoffel-Pommes.

Bei der Zubereitung haben Sie die Wahl zwischen frittierten Pommes und einer kalorienärmeren Version. Zum Frittieren schwenken Sie die „Pommes" in Kartoffelstärke, sodass sie rundum bedeckt sind und schütteln das „Zuviel" ab. Erhitzen Sie im Dutch Oven eine Handbreit Öl oder Frittierfett, mit viel Hitze unten und ohne Hitze oben, auf 170 °C. Frittieren Sie die Pommes, bis diese schön braun und innen weich sind. Für die kalorienärmere Version salzen Sie die Pommes in einer Schüssel und geben etwas Olivenöl dazu. Kneten Sie die Pommes in der Schüssel, sodass diese komplett mit Öl benetzt sind und legen Sie sie in einen Dutch Oven. Backen Sie die Süßkartoffelpommes mit wenig Hitze von unten und viel Hitze von oben etwa ½ Stunde. Prüfen Sie zwischendurch, wie weich die Pommes schon sind. Nach dem Garen – ganz gleich, ob frittiert oder gebacken – tropfen Sie die Pommes auf Küchenpapier ab und salzen Sie nach. Sie können auch ihr Lieblings-Grillgewürz nehmen.

Gut zu wissen:

Süßkartoffel-Pommes sind eine tolle Beilage zum Steak (s. S. 100), aber auch als Fingerfood mit einem Dip, z. B. Aioli oder einer Steaksauce, kommen sie immer gut an.

Süßkartoffelpommes

Bei meinen Kochkursen stelle ich immer wieder fest, dass die Männer nach der nächsten Fleischportion Ausschau halten. Da steckt offensichtlich noch eine gehörige Portion Steinzeitmensch in uns. Es ist natürlich imageträchtig, seinen Kumpels zu erzählen, man habe ein Steak von 3 Kilo gegrillt – innen schön blutig. Wer möchte dann kontern, man habe eine rote Paprika gegrillt und Scheiben von Roter Beete mit Ziegenkäse. Damit macht man sich ja lächerlich. So denken die meisten, bis ich sie bei den Kochkursen einfach mit diesen Leckereien konfrontiere. Und siehe da: Auch Männer essen gegrilltes Gemüse und wenn sie feststellen, wie angetan die Frauen davon sind, ärgern sie sich, dass sie diese Seiten in den Kochbüchern bisher immer überblättert haben.
Wie früher im Zeltlager: Wer Gitarre spielen konnte, der bekam die Herzen der Frauen. Heute ist das so: Wer Gemüse grillen kann, dem gehören die Herzen der Frauen. Also Männer, diese Seiten nicht überblättern, sondern durchkochen, es lohnt sich auf allen Ebenen!

Rosenkohl mit Kräuterbutter

Zutaten

Rosenkohl

Paniermehl

Kräuterbutter (s. S. 138)

Rosenkohl ist ein unterschätztes Gemüse, denn meist kommt es von der Oma zu Mus gekocht und in einer Mehlpampe gebunden auf den Tisch. Dabei geht es auch einfach und modern.

So wird's gemacht

Putzen und blanchieren Sie die Rosenkohlröschen – gerne etwas mehr als nur blanchieren, kochen Sie sie aber nur kurz. Geben Sie den Rosenkohl anschließend in einen Dutch Oven. Darauf kommen Paniermehl und Kräuterbutter. So wird das Ganze mit mittlerer Hitze unten und starker Hitze oben überbacken, bis die Röschen weich sind und die Oberseite leicht knusprig ist. Dieser Rosenkohl kann als Fingerfood mit Zahnstochern gereicht werden oder als Beilage zu Gegrilltem.

TIPP

Und noch ein Tipp:
Hier eignet sich tiefgefrorener Rosenkohl aus zwei Gründen ganz besonders: Er ist im Sommer verfügbar, wenn gegrillt wird und durch das Blanchieren und Einfrieren sowie das anschließende Auftauen bekommt er eine weiche Struktur und gart besser. Davon abgesehen ist das Putzen von Rosenkohl eine mühsame Sache und der fertig vorbereitete TK-Rosenkohl auch preislich interessant.

Tomaten

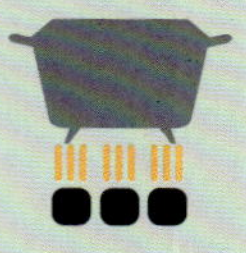

Zutaten

Tomaten (oder Cocktailtomaten)

Öl, nach Belieben

Jeder kennt Grilltomaten. Für das offene Feuer eignen sich Tomaten wegen der recht weichen Haut und des hohen Wassergehaltes nur sehr schlecht.

So wird's gemacht

Die Grilltomaten gelingen sehr gut, wenn Sie sie halbieren und auf der Schnittfläche in einem extrem heißen Dutch Oven braten. Einfach auf die Schnittfläche legen und so lange braten, bis die Schnittfläche schön dunkel ist. Dabei karamellisiert der Fruchtzucker, was zu einem herrlichen Geschmack führt. Alternativ können Sie auch Cocktailtomaten mit etwas Öl in einem Dutch Oven „backen".

Tomaten und Rosenkohl

Auberginen

Zutaten
Aubergine
Olivenöl
Knoblauch, gegart, nach Belieben
Pfeffer und Salz

Auberginen eignen sich hervorragend, wenn der Dutch Oven bereits voll ist, aber noch eine kleine Gemüsebeilage fehlt.

So wird's gemacht

Sie brauchen die Aubergine nur direkt auf die Glut des Dutch-Oven-Deckels zu legen und abzuwarten, bis sie leicht zusammenfällt, an einer Seite aufplatzt und Dampf austritt. Dann ist sie gar. Nehmen Sie die Aubergine von der Glut, schneiden Sie sie der Länge nach auf und würzen Sie mit Pfeffer und Salz. Geben Sie einen Schuss Olivenöl darüber und kratzen Sie anschließend den Inhalt heraus.

Die gewürzte Auberginenmasse können Sie auch zusammen mit gegartem Knoblauch zu einem Brotaufstrich vermischen. So erhalten Sie eine vegetarische Vorspeise.

Knoblauch

Für ein Knoblauchbrot braucht man möglichst frischen Knoblauch, den man einfach 10 Minuten auf der Glut des Dutch-Oven-Deckels gart. Dazu legen Sie eine ganze Knoblauchknolle zunächst ½ Stunde in kaltes Wasser, sodass sich die Zwischenräume vollsaugen können. So hat der Knoblauch mehr Zeit zu garen, bevor er verbrennt. Testen Sie zwischendurch, wie weit er ist. Schneiden Sie die Knolle entweder einfach durch oder trennen Sie die einzelnen Zehen ab und drücken Sie sie einzeln aus.

TIPP

Wenn Sie ohnehin einen Dutch Oven anheizen, dann können Sie im Dutch Oven auch gleich zwei oder drei Knoblauchknollen rösten. Die ausgedrückte Knoblauchcreme hält sich einige Tage im Kühlschrank und ist für viele Gerichte einfacher zu verwenden, als frischer Knoblauch.

Paprika

Zutaten
Paprika
Olivenöl
Pfeffer und Salz

Eine Paprika, am offenen Feuer zubereitet, ist eine Delikatesse. Für den Dutch Oven eignet sie sich nur sehr schlecht, aber wenn Sie andere Kleinigkeiten im Dutch Oven zubereiten, dann können Sie ganz nebenbei die Paprika auf der Kohle des Dutch-Oven-Deckels garen.

So wird's gemacht

Die Paprika wird einfach auf die Glut gelegt, bis sie rundum schwarz ist und Blasen wirft. Das sieht zunächst unappetitlich aus, aber es verbrennt lediglich die Haut. Rubbeln Sie die schwarze Haut einfach ab, bis die Schote wieder ihre ursprüngliche Farbe hat. Schneiden Sie die Paprika anschließend in Streifen, würzen Sie sie mit Salz und Pfeffer, gießen Sie etwas Olivenöl darüber und lassen Sie es sich schmecken.

Paprika auf der Glut

Lauchzwiebeln (Frühlingszwiebeln)

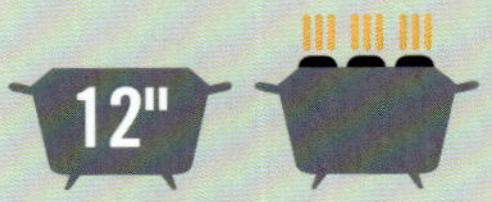

Zutaten

Lauchzwiebeln

Öl

Pfeffer und Salz

Eine gute Möglichkeit Gäste am Kochen zu beteiligen, bieten Lauchzwiebeln. Dafür braucht man keine Hilfsmittel, der „Griff" ist quasi schon dran.

So wird's gemacht

Schneiden Sie die Wurzeln ab und legen Sie die Lauchzwiebeln mit den weißen Enden auf die Glut, die grünen Enden bleiben außerhalb der Glut. So können Sie (oder Ihre Gäste) die Zwiebeln drehen, ganz ohne Handschuhe oder Zange. Die äußere, schwarze Haut ziehen Sie ab, das nunmehr helle Ende können Sie einfach abbeißen.
Eine andere Möglichkeit ist, die geputzten Lauchzwiebeln in eine Aluschale zu geben, mit Pfeffer und Salz zu würzen, sie mit Olivenöl zu begießen und im Dutch Oven mit viel Unterhitze so lange zu garen, bis sie gar und ggfs. leicht gebräunt sind.

Hokkaido-Kürbis

Zutaten

1 Hokkaido-Kürbis, passend für ein 12" Dutch Oven

300 g Hackfleisch, halb und halb

2 Zwiebeln, gewürfelt

1 Paprika, gewürfelt

100 g Mozzarella, gewürfelt

100 g Emmentaler, gerieben, für die Füllung

100 g Emmentaler, zum Überbacken

BBQ-Gewürzmischung nach Wahl (z. B. Magic Dust)

Diese Kürbisse haben in den letzten Jahren einen wahren Siegeszug hingelegt und sind im Herbst überall erhältlich. Die Schale kann man mitessen, das macht den Umgang mit dem Kürbis einfach. Für Vegetarier können Sie das Hackfleisch durch Couscous ersetzen.

So wird's gemacht

Schneiden Sie den Deckel des Kürbisses ab und entfernen Sie die Kerne. Je nach Größe kann es sein, dass der Deckel nicht wieder auf den Kürbis passt, wenn der Dutch Oven verschlossen wird. Dann schneiden Sie den Deckel einfach klein und legen ihn mit in den Topf. Würfeln Sie die Zwiebeln, die Paprika und den Mozzarella und verkneten Sie alles mit dem Hackfleisch und 100 g Emmentaler. Würzen Sie großzügig mit der Gewürzmischung, denn auch der Kürbis sollte etwas von der Würzung abbekommen. Befüllen Sie den Kürbis mit dieser Mischung. Backen Sie den Kürbis 45 Minuten bis 1 Stunde mit wenig Hitze unter und auf dem Topf. Sobald der Kürbis beginnt weich zu werden, können Sie den restlichen Emmentaler in die Kürbisöffnung streuen und alle Kohlen auf den Deckel geben. Nach weiteren 10 Minuten sollte der Käse schön gebräunt sein und Sie können servieren.

Lauchzwiebeln

FINGERFOOD UND KLEINIGKEITEN

Das Kochen mit dem Dutch Oven ist meist eine gesellige Veranstaltung, sodass sich kleine Leckereien als Vorspeise anbieten. Ich bin ein großer Freund der Alu-Imbissschalen, denn in diesen können Sie sehr viele Gerichte vorbereiten und dann einfach nach und nach in den Dutch Oven geben und abbacken. Bei einer durchschnittlichen Gardauer von 10 Minuten, und zwei Töpfen im Einsatz, können Sie alle 5 Minuten ein neues Gericht servieren. Wichtig ist hierbei, dass die jeweiligen Gerichte immer nur in einer dünnen Schicht in der Alu-Schale vorbereitet werden, also dünne Scheiben und wenig Masse, und dass die Töpfe wirklich heiß sind. Am besten servieren Sie diese Leckereien mit einem Zahnstocher als Fingerfood.

Welsh Rarebits

Stck. 6

Zutaten

6 Baguettescheiben, 1 ½ Zentimeter dick, geröstet

3 Zwiebeln, in Ringe geschnitten

2 EL Senf

1 EL Zucker

2 EL Essig

Butter

200 g Käse, würzig, geraspelt (z. B. Cheddar oder Raclette)

Pfeffer und Salz

Bei Welsh Rarebits handelt es sich, einfach gesagt, um Toast mit Käse überbacken, das geht aber auch schicker, und so wird es zum Standard-Snack im Bereich Fingerfood: Für die einfache Version werden kleine Baguettescheiben angeröstet, mit Senf bestrichen und mit angebratenen Zwiebeln belegt. Abschließend wird alles mit scharfem Käse überbacken. Für die Zubereitung im Dutch Oven sollten Sie den Deckel so heiß wie möglich werden lassen und die Rarebits nur mit Oberhitze überbacken. Anschließend sofort an die Gäste ausgeben.

So wird's gemacht

Schmelzen Sie etwas Butter in einer Pfanne und geben Sie die in dünne Ringe geschnittenen Zwiebeln hinein. Sobald diese goldbraun gebraten sind, geben Sie den Senf und den Zucker hinzu und schmecken die Mischung mit Essig sowie Pfeffer und Salz ab. Streichen Sie diese Masse auf die getoasteten Brotscheiben (nicht zu dick) und bestreuen Sie sie mit reichlich Käse. Überbacken Sie die Käse-Toasts im Dutch Oven, bis der Käse richtig blubbert. Hier lohnt es sich auf jeden Fall, den Ofen zuvor mit Alufolie auszulegen, damit der Käse nicht anbrennt.

Chicken Wings

12" Stck. 20

Zutaten

1 kg Hühnerflügel

BBQ-Sauce oder Asia-Chili-Sauce

Pfeffer und Salz

Ein einfaches, leckeres und bei Kindern beliebtes Gericht, das mit den Fingern gegessen wird.

So wird's gemacht

Trocknen Sie die Flügel ab und würzen Sie diese mit Pfeffer und Salz. Geben Sie die Chicken Wings in eine Schale und backen Sie sie im Dutch Oven auf einem Rost, bei mittlerer Hitze unten und starker Hitze oben, eine halbe Stunde. Geben Sie dann die BBQ-Sauce über die Flügel und backen Sie sie weitere 30 Minuten, dann allerdings ohne Unterhitze. Ohne die Schale würden die Sauce und der Fleischsaft direkt auf dem Topfboden anbrennen. Zu Chicken Wings passen Süßkartoffelpommes (s. S. 126) oder Kartoffel-Wedges (s. S. 122) sehr gut.

TIPP

Man rechnet mit etwa 6 Stück als Vorspeise und 24 Stück als Hauptgericht.

Chicken Wings mit Süßkartoffelpommes

Gefüllte Champignons

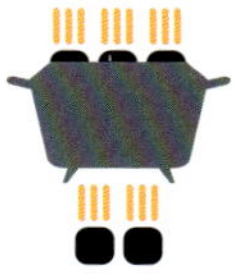

Zutaten

Champignons

Kräuterbutter

Für selbstgemachte Kräuterbutter

1 Stück Butter, warm

2–5 Knoblauchzehen, gehackt

Kräuter, nach Belieben (z. B. Petersilie, Majoran, Thymian, Oregano, Liebstöckel oder Schnittlauch)

Pfeffer und Salz

Wählen Sie beim Kauf kleine Champignons, in mundgerechter Größe, damit sie nicht durchgebissen werden müssen und sie sich nicht verkleckern.

So wird's gemacht

Brechen Sie die Stiele der Pilze in der Mitte heraus und füllen Sie die Hohlräume mit einem Klecks Kräuterbutter. Backen Sie die gefüllten Champignons im Dutch Oven mit mittlerer Hitze unten und starker Hitze oben. Möchten Sie kein Fertigprodukt verwenden, können Sie die Kräuterbutter auch selbst machen. Rühren Sie die Zutaten mit dem Mixer glatt und stellen Sie die selbstgemachte Kräuterbutter zum Auskühlen in den Kühlschrank.

TIPP *Die Pilze lassen sich alternativ z. B. auch mit Blauschimmelkäse füllen!*

Betrunkene Feigen

Zutaten

Feigen, getrocknet

Rotwein, versetzt mit Zimt und Nelken

alternativ: Glühwein

Eigentlich kennt jeder diese trockenen, langweiligen Feigen, die zu Weihnachten in den Regalen liegen. Und eigentlich greift jeder darum herum, eben weil sie so langweilig sind. Das geht aber auch anders: Machen Sie die Feigen betrunken!

So wird's gemacht

Legen Sie die Feigen am Vortag in den mit Zimt und Nelken versetzten Wein (mein Tipp: fertiger Glühwein) ein. Geben Sie die Feigen am nächsten Tag, ohne den Wein, in einer Aluschüssel in den Dutch Oven und erhitzen Sie diese bei mittlerer Hitze unten und starker Hitze oben einmal durch – das reicht. Eine fruchtig-süße Alternative zum herzhaften Fingerfood.

Betrunkene Feigen

Gefüllte Jalapeños

Zutaten

10–12 Jalapeños, frisch, groß

2 Knoblauchzehen, gepresst

1 Tasse Cheddar, gerieben

½ Tasse Frischkäse

½ Tasse Ketchup

1 EL Butter

1 Tasse Paniermehl

1 TL Paprika edelsüß

Pfeffer und Salz

Eine scharfe Sache! Lecker als Snack zum Bier oder auch als Vorspeise.

So wird's gemacht

Halbieren Sie die Jalapeños längs und entfernen Sie die Samen. Es passen etwa 10 Hälften in einen 10" Dutch Oven. Vermischen Sie den Ketchup, den Käse, den Knoblauch und den Frischkäse und füllen Sie die Hälften damit. Es darf ruhig ein leichter Berg entstehen. Mischen Sie aus dem Paniermehl, der weichen Butter und den Gewürzen die Kruste. Geben Sie diese auf die Käsefüllung. Backen Sie die Jalapeños in einem 10" oder 12" mit mittlerer Hitze unten und starker Hitze oben. Je nach Größe des Topfes und der Anzahl der Jalapeños, müssen Sie in zwei Chargen arbeiten. Die Jalapeños sollten weich und die Kruste goldbraun sein, dies sollte nach etwa 15–20 Minuten der Fall sein.

Rindermark auf Toast

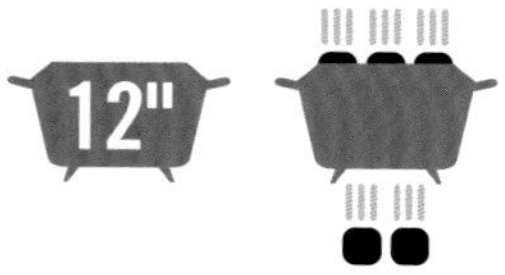

Zutaten pro Person

1 Stück Rindermarkknochen

1 Scheibe französisches Landbrot

1 Knolle Knoblauch pro Dutch Oven

etwas Butter oder Olivenöl für die Knoblauchknolle

Salz

Das Wertvollste, das ein Tier einem Steinzeitmenschen geben konnte, war das Mark der Röhrenknochen. Diese wurden am Feuer geröstet, mit Steinen zerschlagen und anschließend wurde das Mark ausgesaugt. Heute schmeckt das geröstete Mark immer noch, nur die Essgewohnheiten sind etwas gesitteter geworden. Die Knochen lassen Sie sich vom Fleischer nach Möglichkeit in drei fingerbreite Stücke schneiden, sodass sie auf der Schnittkante stehen.

So wird's gemacht

Setzen Sie die Markknochen mit der Schnittseite nach oben in einen passenden Dutch Oven (bei 6 Personen ein 12") und platzieren Sie die Knoblauchknolle daneben. Schneiden Sie von der Knoblauchknolle ¼ des Oberteils ab und geben Sie etwas Butter oder Olivenöl darauf. „Garen" Sie die Knochen etwa ½ Stunde bei mittlerer Hitze unten und starker Hitze oben, bis das Mark und der Knoblauch weich sind. Rösten Sie das Brot nebenher auf den Kohlen des Deckels.

Jeder Gast bekommt eine Scheibe Brot, einen Knochen, eine Knoblauchzehe und ein Messer. Dann wird der Knoblauch auf das Brot gestrichen, darüber das weiche Mark verteilt und das Ganze mit etwas Salz gewürzt. Dieser Imbiss wird noch warm gegessen.

Gefüllte Jalapeños

Datteln im Speckmantel

Zutaten

Datteln

Speck, gleiche Anzahl wie Datteln

Mandeln, nach Belieben

Ein Klassiker des Fingerfoods, aber immer wieder lecker.

So wird's gemacht

Zuerst ein paar Worte zu den Datteln: Es gibt gewaltige Unterschiede bezüglich der Qualität. Nehmen Sie nur die besten Datteln, weich und mit Stein. Dann entfernen Sie die Steine, füllen die Datteln mit je einer Mandel (nach Belieben) und umwickeln sie mit einer Scheibe Speck. Fixieren Sie die Ummantelung mit einem Zahnstocher. Dann geben Sie die Datteln bei mittlerer Hitze unten und starker Hitze oben in den Dutch Oven, bis der Speck braun und knusprig ist.
Die Gäste nehmen sich die Datteln einfach am Zahnstocher.

Rote Beete mit Ziegenkäse

Zutaten

Rote Beete, vorgekocht

Ziegenfrischkäse

Pinienkerne, geröstet, nach Belieben

Thymian, frisch, nach Belieben

Honig, nach Belieben

Ein vielfach unterschätztes Gemüse ist die Rote Beete. Frisch ist sie sehr aufwendig zuzubereiten und färbt die Finger nachhaltig rot. Im Supermarkt gibt es Rote Beete aber schon vorgekocht und geschält in einer Vakuumverpackung. So können Sie schnell und unkompliziert eine Leckerei zubereiten. Unsere Gäste sind immer wieder erstaunt, wie angenehm der Käse auf der erdigen Rübe schmeckt.

So wird's gemacht

Schneiden Sie die Rote Beete in 1 cm dicke Scheiben und legen Sie diese in eine Aluschale. Darauf kommt etwas Ziegenfrischkäse. Im Dutch Oven bei mittlerer Hitze unten und starker Hitze oben überbacken, bis der Käse geschmolzen und leicht gebräunt ist. Wenn Sie mögen, können Sie das Gericht noch durch geröstete Pinienkerne, frischen Thymian oder ein paar Kleckse Honig verfeinern.

Datteln im Speckmantel

Gebackener Feta

Zutaten

200 g Fetakäse

2 EL Olivenöl

1 Knoblauchzehe

1 Peperoni, in Ringe geschnitten

1 Zwiebel, in Ringe geschnitten

Oliven

Oregano

Thymian

Pfeffer und Salz

Gebackener Fetakäse ist eine typisch griechische Vorspeise, die sich wunderbar vorbereiten lässt. Anschließend brauchen Sie den Dutch Oven nur anzuheizen und die Schale mit dem Käse und den anderen Zutaten hineinzustellen, nach 15 Minuten ist die Vorspeise fertig.

So wird's gemacht

Hacken Sie die Knoblauchzehe zunächst grob und zerreiben Sie diese anschließend mit einer Messerklinge. Streuen Sie etwas Salz darüber und geben Sie die Salz-Knoblauch-Mischung in eine Tasse und vermischen Sie alles mit dem Olivenöl. Der Käse kann in einer einzelnen Form (dann muss natürlich die Größe der Auflaufform auch zu der Größe des Dutch Oven passen) oder portionsweise gebacken werden. Um kleine Portionsformen zu erhalten, stülpen Sie mehrfach gelegte Alufolie über eine Schüssel entsprechender Größe und formen Sie diese damit.
Bepinseln Sie den Käse von beiden Seiten mit der Knoblauch-Öl-Mischung und setzen Sie ihn in die vorbereiteten Formen. Geben Sie die Peperoni- und Zwiebelringe sowie die Oliven und die Gewürze darüber. Backen Sie die Portionen 10–15 Minuten mit wenig Unter- und starker Oberhitze.
Sie können den Käse auch auf größere Alufolie-Stücke setzen und verschließen, um sie in der heißen Glut zu backen, dann müssen sie allerdings gewendet werden.

Würstchen im Schlafrock

Zutaten

Würstchen (möglichst dünne)

Blätterteig

1 Ei

Ein herrliches Gericht für den Kindergeburtstag oder als Fingerfood serviert. Den Blätterteig kaufen Sie am besten als TK-Produkt, denn das Selbermachen steht in keinem Verhältnis zum Erfolg. Und trösten Sie sich: Auch in der gehobenen Gastronomie wird fast ausschließlich mit vorgefertigtem Blätterteig gearbeitet.

So wird's gemacht

Bestreichen Sie ein quadratisches Stück Blätterteig mit der verquirlten Eimasse und rollen Sie das Würstchen darin ein, sodass die beiden Enden noch einen Fingerbreit herausschauen. Dann streichen Sie die Außenseite nochmals mit Ei ein und geben die Würstchen in einen Dutch Oven. Backen Sie diese mit wenig Unterhitze und viel Oberhitze, bis der Blätterteig aufgegangen und goldbraun ist.

Gebackener Feta

BBQ-KLASSIKER

Rippchen

Zutaten pro Person

1 kg Rippchen

BBQ-Gewürzmischung, nach Wahl

Apfelsaft oder Cola, zum Angießen und für die Sauce

BBQ-Sauce, nach Wahl

In einem Dutch Oven lassen sich selbstverständlich auch Rippchen zubereiten. Durch die lange Garzeit in der milden, feuchten Hitze werden sie unvergleichlich zart und weich. Das Fleisch löst sich von den Knochen und die Sauce ist ein Traum, denn sie geht ja nicht verloren wie beim Smoken. Den fehlenden Rauchgeschmack können Sie mit einer rauchigen BBQ-Sauce ausgleichen. Wenn Sie trotzdem noch grillen möchten, nehmen Sie die Rippchen aus dem Dutch Oven und legen sie noch einmal zum Karamellisieren auf einen sehr heißen Grill, in die direkte Zone. Beim Vorbereiten der Rippchen ist es wichtig, die Silberhaut auf der Innenseite abzuziehen, denn diese wird auch im Dutch Oven nicht weich.

Welches Fleisch?

Als Rippchen eignen sich einerseits Kotelettrippen oder Baby-Back-Ribs, die von der Wirbelsäule abgeschnitten werden und ein längliches Stück bilden, mit parallelen Seiten und einer starken Krümmung. Die Bauchrippen sind eher dreieckig und noch mit Knorpel verbunden. Diese lassen sich mit wenig Übung aus einem Schweinebauch herausschneiden und als Rippchen zubereiten, was preislich einen deutlichen Unterschied macht. Spareribs sind in der Grillsaison überteuert, während Schweinebäuche mit Rippen (wie gewachsen) günstig zu bekommen sind. Schneiden Sie die Rippchen herunter und verwenden Sie den Rest vom Bauch für Bratwürste oder als Braten.

Als dritte Lösung gibt es noch die Dicke Rippe, das ist der Teil mit den ersten fünf Rippen an der Halsseite. Dieses ist eher ein Bratenstück und weniger geeignet für den Grill. Bei uns zuhause gab es Dicke Rippe, geschmort in einem Topf auf dem Herd, auch unter der Woche, da es ein günstiges Stück ist. Dazu Salzkartoffeln, Gemüse und eine dunkle Bratensauce.

So wird's gemacht

Ziehen Sie von den Rippen die Silberhaut ab, wenn das der Metzger nicht schon gemacht hat. Dann massieren Sie das Gewürz in die Rippchen ein. Stellen Sie die Rippchen zum Durchziehen 1–2 Tage in den Kühlschrank. Stapeln Sie sie im Dutch Oven, sodass möglichst viele hineinpassen. Gießen Sie eine Tasse Flüssigkeit an. Nun garen Sie mit geringer Hitze unten und mittlerer Hitze oben die Rippchen, bis das Fleisch von den Knochen fällt. Das dauert etwa 2–4 Stunden. Sobald die Rippchen weich sind, bereiten Sie einen Grill für das direkte Grillen vor, auf dem sie eine Kruste bekommen. Aus dem Apfelsaft, oder der Cola, und einer BBQ-Sauce kochen Sie eine Sauce, die so klebrig ist, dass sie gut an den Rippchen haftet. Bepinseln Sie die Rippchen von beiden Seiten und legen Sie diese auf die direkte Zone des Grills, bis die Zuckeranteile in der Sauce karamellisieren.

Rippchen

Dutch-Oven-Brisket

Zutaten

3–4 kg Brisket (Rinderbrust) ohne Knochen, vom Großteil des Fetts befreit, für den Dutch Oven passend zugeschnitten

5 Zwiebeln, in grobe Stücke geschnitten

2 Karotten, in grobe Stücke geschnitten

1 Tasse Sellerie, in grobe Stücke geschnitten

2 Tassen BBQ-Sauce, nach Wahl, vorzugsweise eine rauchige Note

4 EL Pfeffer und Salz, grob geschrotet, gemischt

Fett zum Braten

Bei Brisket handelt es sich um die Brustspitze des Rinds. Dieses Stück scheint wegen seines zähen Bindegewebes, der langen Muskelfasern und einer dicken Fettauflage für den Verzehr zunächst ungeeignet. Daher sollte das Fleisch bei niedriger Temperatur lange gegart werden, damit sich das Bindegewebe durch die eingebrachte Energie auflöst und gallertig wird, wodurch das Fleisch zarter wird. Das kann man im Smoker machen, wobei das Fleisch einen großen Teil der zwölfstündigen Garzeit in Alufolie gewickelt verbringen muss, da es ansonsten austrocknet und mit Rauch überwürzt wird und somit nicht mehr schmeckt. Das Garen im Dutch Oven ist eine deutlich bessere Variante, ein Brisket zuzubreiten, nach Möglichkeit in einem Erdofen.

Dieses spezielle Teilstück vom Rind gibt es bei Versandfleischereien, die sich auf amerikanische Zuschnitte spezialisiert haben. Allerdings ist das Fleisch sehr fettig und nicht gerade billig. Für den Smoker sollte das Brisket an einem Stück bleiben, was bei den Versandfleischereien kein Problem ist. Allerdings müssen Sie dieses noch zuschneiden und sehr viel Fettauflage entfernen. Im Großmarkt wird die Rinderbrust vakuumverpackt angeboten, sie ist allerdings aus Platzgründen zwischen dem flachen und dem hohen, doppelten Teil, eingeschlitzt und umgeklappt. Dafür kostet sie nur ein Bruchteil des amerikanischen Zuschnitts. Zum Garen im Dutch Oven muss die Brust aber ohnehin genau an dieser Stelle geteilt werden, sodass es kein Problem ist, die günstigere Alternative zu verwenden.

So wird's gemacht

Würzen Sie am Vorabend das Brisket im texanischen Stil: Mit einer Mischung aus grob geschrotetem Pfeffer und Salz, jeweils zu gleichen Teilen. Rechnen Sie mit etwa 1 Esslöffel pro kg Fleisch. Geben Sie am nächsten Tag reichlich Butterschmalz oder anderes hocherhitzbares Fett – zur Not auch etwas von dem Rindertalg – in den Dutch Oven und braten Sie das Fleisch von allen Seiten scharf an. Dann nehmen Sie es aus dem Dutch Oven und braten das Gemüse an. Geben Sie das Fleisch wieder dazu und gießen Sie die BBQ-Sauce hinein. Bei wenig Ober- und Unterhitze sollte das Fleisch eine Kerntemperatur von 95 °C erreichen. Prüfen Sie beim Hineinstechen des Thermometers nicht so sehr die Temperatur, sondern achten Sie eher auf die Konsistenz des Fleisches. Wenn es sich weich und gleichmäßig anfühlt, ist es fertig. Stößt die Nadel auf viel Widerstand, dann muss das Fleisch noch weiter garen.

Wer den Garprozess mit einem Thermometer mit Fernfühler kontinuierlich kontrolliert, der wird feststellen, dass die Temperatur im Bereich um 75 °C nicht nur lange Zeit stagniert, sondern sogar abfallen kann. Das hängt damit zusammen, dass in dieser sogenannten Plateau-Phase das Fleisch durch verdampfendes Wasser abgekühlt wird, ähnlich wie Schweiß auf der menschlichen Haut. Nach einiger Zeit ist das Fleisch außen so trocken, dass es wieder Temperatur annimmt. In dieser Phase sollten Sie auf keinen Fall die Nerven verlieren und den Topf heißer machen, das würde nur dazu führen, dass das Fleisch anbrennt.

Nachdem das Brisket eine Kerntemperatur von über 90 °C erreicht hat, nehmen Sie das Fleisch heraus und lassen Sie es in Alufolie in einer Thermobox ruhen. Zwischenzeitlich können Sie die Flüssigkeit aus dem Dutch Oven durch ein Sieb geben. Dicken Sie diese Flüssigkeit etwas an oder pürieren Sie einfach das zerkochte Gemüse mit einem Mixer und schon ist eine tolle Sauce fertig.

Brisket

Pastrami

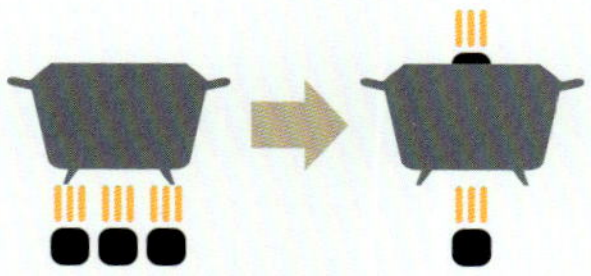

Zutaten

1 Stück Rindfleisch (Rinderbrust oder Tafelspitz), flach

40 g Pökelsalz pro kg Fleisch

BBQ-Gewürzmischung nach Wahl, wenn möglich ohne Salz

Für eine selbstgemachte Gewürzmischung

1 Teil Pfeffer

1 Teil Paprika

1 Teil Koriander

1 Teil Zucker, braun

Knoblauchpulver, nach Belieben

Bei Pastrami handelt es sich um Rindfleisch, vorzugsweise Rinderbrust, das gepökelt, geräuchert und dann lange und schonend gegart wird. Ursprünglich wurde diese Spezialität von jüdischen Einwanderern nach Amerika gebracht. Das gepökelte Rindfleisch wird leicht geräuchert und anschließend gegart. Es kann dann am nächsten Tag gegessen werden, was besonders beim Sabbath – an dem nicht gekocht werden darf – wichtig ist. Zudem hält sich das so konservierte Fleisch auch ohne Kühlung.
Dünn geschnitten, auf getoastetem Roggenbrot, mit Krautsalat und Senf, ist es als Pastrami-Sandwich bekannt und gerade in der BBQ-Szene beliebt. Nun besitzt nicht jeder Pastrami-Liebhaber einen Smoker, sodass der Dutch Oven ein guter Ersatz ist.

So wird's gemacht

Pökeln Sie das Fleisch zunächst 1 oder 2 Wochen, damit es umrötet und nach dem Garen rosa wird. Dann wird das Fleisch im Dutch Oven geräuchert. Dazu legen Sie den Boden des Topfes mit Alufolie aus oder stellen eine Aluschale hinein. Geben Sie eine großzügige Handvoll Räuchermehl hinein. Auf dieses stellen Sie ein Trivet mit langen Beinen. Das leicht abgetrocknete, raumtemperierte Fleisch kommt in einer Aluschale auf das Trivet. Ohne diese Schale würde der Fleischsaft auf die Räucherchips tropfen und diese löschen. Nun heizen Sie den Topf von unten mit so vielen Kohlen, wie darunter passen. Schon nach wenigen Minuten sollte es zu rauchen beginnen. Wenden Sie das Fleisch alle ½ Stunde, damit es gleichmäßig Rauch annehmen kann und Sie über den Fortgang des Räucherns im Bilde sind.
Im Anschluss wird das Fleisch noch einige Stunden im Dutch Oven auf eine Kerntemperatur von 95 °C gegart. Dazu entnehmen Sie die ausgebrannten Räucherchips und füllen 2 Zentimeter Wasser in den Topf, stellen das Trivet wieder hinein und geben das Fleisch darauf. Es sollte immer etwas Flüssigkeit unten im Topf stehen, damit das Fleisch nicht austrocknet. Nach weiteren 2 Stunden mit wenig Hitze von unten und oben ist das Fleisch gar und zart.

Ablauf	**„x" steht für den Start des Räucherns**
x - 5 Tage	Das Fleisch parieren, pökeln und vakuumieren.
x - 2 Stunden	Das Fleisch aus der Vakuumtüte nehmen, abwaschen und wässern.
x - 30 Minuten	Den Anzündkamin starten. Den Dutch Oven mit Räuchermehl befüllen und ein Trivet einsetzen, eine Aluschale darauf stellen.
x	Die Rinderbrust in die Aluschale geben, den Deckel schließen und alle Kohlen aus dem Anzündkamin unter dem Dutch Oven platzieren.
x + 1 Stunde	Prüfen, ob sich ausreichend Rauch entwickelt.
x + 1 ½ Stunden	Einen weiteren Anzündkamin anfeuern.
x + 2 Stunden	Den Dutch Oven reinigen, Wasser angießen und das Fleisch auf ein Trivet in den Dutch Oven legen. Sollte es zu dicht am Deckel liegen, Alufolie auf das Fleisch legen, mit wenig Ober- und Unterhitze arbeiten.
x + 4 Stunden	Das Fleisch prüfen, es sollte weich sein. Ist es das nicht, einen weiteren Anzündkamin durchglühen und eine weitere Stunde (ggfs. länger) garen. Sobald das Fleisch gar ist, herausnehmen und abkühlen lassen.
x + 1 Tag	Das Fleisch anschneiden und genießen!

Pastrami

Pulled Pork

12" | Stck. 10-15

Zutaten

1 Schweinenacken (2,5–2,8 kg) oder

1 Schweineschulter mit Knochen und Schwarte (4 kg)

BBQ-Gewürzmischung, nach Wahl (z. B. Magic Dust)

BBQ-Sauce, nach Wahl

2 Zwiebeln, in je 3 dicke Scheiben geschnitten

Hamburger-Buns (s. S. 172)

1 Tasse Wasser, Brühe, Wein oder Bier

Für die Marinadenspritze

Wasser, Menge nach Fleischgewicht

Grillgewürz, nach Wahl und Gescmack

Für den Brötchenbelag

Krautsalat, nach Belieben (s. S. 126)

Salzgurken, nach Belieben

Tomaten, nach Belieben

Zwiebeln, in Ringe geschnitten, nach Belieben

BBQ-Sauce, nach Belieben

Seit einigen Jahren hat Pulled Pork einen Siegeszug durch die Grill- und Dutch-Oven-Gemeinde angetreten, dessen Ende noch lange nicht abzusehen ist. Für die einen ist es die Krönung des BBQ und der Himmel des Genusses, für andere ist es zerkochtes Fleisch mit einer sauren Sauce in einem wabbeligen Brötchen.
Beim Pulled Pork wird Schweinefleisch lange Zeit entweder im Smoker oder im Dutch Oven gegart, bis sich das Bindegewebe aufgelöst hat. Das Garen im Dutch Oven hat den Vorteil, dass das Fleisch nicht so sehr austrocknet und auch nicht mit Rauchgeschmack überfrachtet wird, wie das beim Smoker, durch die lange Garzeit, der Fall sein kann.

Welches Fleisch?

Für Pulled Pork eignet sich eigentlich jedes Fleisch, bei den fetteren Stücken ist das Ergebnis jedoch saftiger. Traditionell wird ein Stück von der Schulter genommen, welches aber rund 4 kg auf die Waage bringt und damit für viele Dutch Oven schon zu groß ist. Die Schulter wird in Amerika etwas anders zugeschnitten als hier in Deutschland und als „Boston Butt“ und „Picnic Shoulder“ bezeichnet. Der Boston Butt ist der obere Teil der Schulter, der mit der Bandsäge in quadratische Form gebracht wird und bei der ein Teil des Nackens noch mit dabei ist. *Der untere Teil mit dem Vorderbein wird als „Picnic Ham“ oder „Picnic Shoulder“ bezeichnet. Da diese Schnitte in Deutschland schlecht zu bekommen und auch zu groß und zu schwer sind, hat sich hierzulande ein Schweinenacken ohne Knochen mit einem Gewicht zwischen 2,5 und 2,7 kg durchgesetzt. In Amerika werden auch ganze Schweine in Smokern oder Brick-Pits stundenlang gegart und dann wie Pulled Pork im Brötchen – und nicht wie das Spanferkel in Deutschland mit knuspriger Kruste – gegessen.*

So wird's gemacht

Injizieren Sie am Vortag mit der Marinadenspritze pro kg Fleisch 100 ml der vorbereiteten Flüssigkeit. Das Gewürz muss sehr fein gemahlen sein, sonst verstopft die Nadel. Massieren Sie das trockene Grillgewürz in die Oberfläche des Fleisches, wickeln Sie es fest in Frischhaltefolie oder vakuumieren Sie es und legen Sie es anschließend in den Kühlschrank. Nach 1–2 Tagen kann das Fleisch dann herausgenommen werden und sollte erst einmal einige Stunden auf Zimmertemperatur gebracht werden, bevor es an das Kochen geht. Schälen Sie die beiden Zwiebeln und schneiden Sie diese als „Opferzwiebeln" in 3 dicke Scheiben, die Sie unten in den Dutch Oven legen. Darauf kommt das Fleisch, bei Schweineschulter mit der Schwarte nach oben. Geben Sie eine Tasse BBQ-Sauce auf das Fleisch und eine weitere Tasse Flüssigkeit (Wasser, Brühe, Wein oder Bier) unten in den Topf. Heizen Sie mit geringer Hitze unten und mittlerer Hitze oben, mindestens 4 Stunden. Das Fleisch sollte auf deutlich über 95 °C Kerntemperatur kommen und sich leicht vom Knochen (wenn vorhanden) lösen lassen. Das Fleisch wird während der gesamten Garzeit nicht bewegt. Sie können statt der Zwiebeln auch einen Gussrost unter das Fleisch legen, aber die Zwiebeln bringen zusätzlichen Geschmack.

Wenn die Kerntemperatur hoch genug ist und das Fleisch weich, wird es in eine Schüssel gegeben und „gepulled", also mit den Händen oder mit zwei Gabeln zerrupft. Gießen Sie nach Geschmack weitere BBQ-Sauce und den Sud aus dem Topf dazu. Das Fleisch sollte eine gleichmäßige Masse aus weichen Fasern und härteren Teilen der Kruste bilden. Jeder Gast nimmt sich mit einer Zange etwas auf sein Hamburger-Brötchen, dazu noch mehr BBQ-Sauce und je nach Belieben etwas Krautsalat, Salzgurke, Tomate oder Zwiebelringe …

Pulled Pork

Schichtfleisch

12" | Port. 6-8

Zutaten

2,4–2,6 kg Schweinenacken ohne Knochen

800 g Bauchspeck, vorzugsweise ohne Schwarte, in 5 mm dicke Scheiben geschnitten

3 Metzgerzwiebeln, groß, in 5 mm dicke Scheiben geschnitten

BBQ-Gewürzmischung, nach Wahl (z. B. Magic Dust)

2 Tassen BBQ-Sauce, nach Wahl

Schichtfleisch zählt zu den absoluten Klassikern unter den Durch-Oven-Gerichten und es ist auch meist das erste Gericht, das nach dem Kauf eines Dutch Oven ausprobiert wird. Trotzdem rufen mich immer noch Kunden an, die dazu Fragen haben. Ein Grund mehr, hier die ultimative Anleitung zu geben.

Beim Schichtfleisch handelt es sich eigentlich um ein Schaschlik ohne Spieß. Es besteht aus Schweinenacken, Speck, Zwiebeln, Gewürzen und BBQ-Sauce. Also nichts, was man nicht auch auf einen Schaschlik stecken würde. In sozialen Netzwerken findet man immer mehr Bilder von Dutch Oven, die mit Frühstücksbacon ausgelegt sind. Das sieht toll aus, bringt aber recht wenig. Frühstücksbacon ist nicht geräuchert und sehr dünn geschnitten. Er bringt erst etwas Umami-Geschmack, wenn er in der Pfanne angeröstet wird. Unten im Topf gibt er nur Fett ab.

Beim Schichtfleisch gibt es dennoch weder „falsch" noch „richtig". Hier können Sie alles ausprobieren. Nehmen Sie statt Schweinenacken Hühnerbrust, Putenbrust, Hammel oder Rind. Füllen Sie den restlichen Platz statt allein mit Zwiebeln auch mit Paprika und kleinen Kartoffeln auf. Nehmen Sie statt Grillgewürz mal Gyros- oder Kebab-Gewürz oder auch Curry für ein Geflügel-Schichtfleisch.

Inzwischen gibt es Ständer, um den Dutch Oven beim Einschichten des Fleisches auf der Kante zu fixieren.

Ein guter Anhalt für die Menge eines 12" oder ft9 ist ein Nackenbraten von 2,4–2,6 kg Gewicht. Dabei kommt es nicht auf 100 Gramm an, denn im Großmarkt ist der Braten meist eingeschweißt und beim Metzger des Vertrauens geht es auch nicht genauer. Dazu kommen 3 große Metzgerzwiebeln, auf 5 mm geschnitten, und 500–800 g Speck, ebenfalls auf 5 mm geschnitten. Ich nehme gern den geräucherten, abgeschwarteten Bauchspeck. Dadurch, dass der Schweinebauch vor dem Pökeln abgeschwartet und dann geräuchert wird, kommt der volle Rauchgeschmack in den Topf.

So wird's gemacht

Schneiden Sie den Schweinenacken in Scheiben, so dick wie übliche Nackensteaks. Vor dem Einschichten sollten Sie die Nackenscheiben mit einem Grillgewürz Ihrer Wahl einreiben. Achten Sie darauf, dass dieses nicht zu viel Salz enthält, denn die meisten Fertigmischungen haben Salz in einem großen Prozentsatz enthalten, da das schön billig ist und teure Gewürze streckt. Hier gilt: Weniger ist mehr. Bei zu viel wird das Schichtfleisch nicht würziger, sondern lediglich salziger. Stellen Sie den Dutch Oven auf den Rand, stützen Sie gegebenenfalls den Boden an einer Wand ab. Beginnen Sie das Einschichten mit einer Lage Schweinenacken, dann Speck und dann Zwiebeln. Sobald alles verbraucht ist, stellen Sie den Topf wieder auf die Füße und gießen die BBQ-Sauce über das Schichtfleisch. Garen Sie es mit mittlerer Hitze oben und unten 1½–2 Stunden.

Das Schichtfleisch wird entweder auf einem Teller mit Baguette oder Bandnudeln angerichtet oder klassisch im aufgeschnittenen Brötchen als Imbiss gereicht.

Insbesondere wenn man das Schichtfleisch mit Brötchen ausgibt, bleibt sehr viel Sauce übrig. Diese können Sie einfrieren und für andere Gerichte als Fond verwenden.

Gut zu wissen:

Für Metzger gibt es extra große Zwiebeln, die etwa so groß sind wie ein Apfel, aber genauso scharf wie normale Zwiebeln. Es handelt sich nicht um Gemüsezwiebeln, die eignen sich nicht so gut. Die Metzgerzwiebeln schneiden Sie in 5 mm dicke Scheiben. Eine Scheibe entspricht dann genau der Höhe einer Scheibe Nacken.

TIPP

Kaufen Sie richtige Brötchen von einem Handwerksbäcker, denn die billigen aus dem Backshop ziehen die Qualität des ganzen Gerichts herunter.

Schneiden Sie alle Zutaten vor dem Kochen und machen Sie jeweils zwei Stapel. Sobald der erste Stapel aufgebraucht ist, sollte der Topf zur Hälfte gefüllt sein. So verhindern Sie, dass Ihnen nach dem halben Topf der Speck ausgeht. Auf diese Weise können Sie auch gut steuern, wie Sie schichten müssen. Haben sie nach dem halben Stapel schon 3/4 des Topfes gefüllt, können Sie noch bequem weiter schichten, oder im entgegengesetzten Fall lockerer stapeln.

Schichtfleisch

NACHTISCH UND KUCHEN

Spotted Dog (Milchreis) mit Aprikosensauce

Zutaten pro Person

1 Tasse Milchreis

2 Tassen Milch

1 TL Butter

einige Rosinen

1 Prise Muskat

1 Prise Zimt

1 TL Zucker

1 Prise Salz

Für die Sauce

2 EL getrocknete Aprikosen oder Mischobst, in kleine Stücke geschnitten

1 EL Zucker

1 Prise Zimt

Wasser für die Konsistenz

Nach Belieben über den Milchreis

etwas zerlassene Butter

Ahornsirup

Zimt und Zucker

Eine meiner beliebtesten Nachspeisen ist Milchreis, denn den mag Alt und Jung, und er lässt sich draußen hervorragend zubereiten, auch schon im Vorfeld. Im Wilden Westen war er als „Spotted Dog" bekannt, weil die Rosinen dem Brei ein Aussehen wie das eines Dalmatiners verleihen. Er war beliebt bei den Cowboys und dem Koch, da er leicht zuzubereiten ist. Als Beilage gab es dazu traditionell eine fruchtige Sauce aus getrockneten Aprikosen.

So wird's gemacht

Geben Sie den Reis mit den Rosinen und den anderen Zutaten in einen Dutch Oven und erhitzen Sie ihn langsam mit wenig Hitze von unten. Rühren Sie ständig um, bis der Reis kocht und lassen Sie ihn unter ständigem Rühren 10 Minuten kochen. Danach kommt der Topf vom Feuer und wird sofort in eine Thermobox gestellt. Im Wilden Westen kam er auf dem Chuckwagon unter die Decken, mit denen sich die Cowboys zudeckten. Nach einigen Stunden ist der Reis fertig gequollen und kann gegessen werden.

Sollte der Milchreis zu fest geworden sein, können Sie problemlos Wasser oder Milch unterrühren.

Weichen Sie die Trockenfrüchte für die Sauce schon am Vorabend in Wasser ein. Dann kochen Sie sie mit dem Zucker und einer Prise Zimt auf. Eigentlich sollte sie schon von sich aus eindicken, wenn nicht, dann geben Sie Puddingpulver oder Speisestärke dazu.

Abwandlung:

Sie können die Menge an Milch auch durch eine Mischung aus Milch und Sahne (zu gleichen Teilen) ersetzen oder einen Teil der Milch durch Kokosmilch ersetzen. Auch 2 Esslöffel Apfelmus machen sich gut im Reis. Ein Esslöffel Trockenobst in kleine Stücke geschnitten schmeckt auch.

TIPP

Geben Sie immer Rosinen in den Milchreis, falls Ihnen Kohle in den Reis fällt – und das passiert eigentlich immer – können Sie die schwarzen Flecke besser erklären.

Bratäpfel

Zutaten pro Person

1 Apfel

1 EL Rosinen

1 EL gehackte Mandeln

Rum

Butter

1 EL brauner Zucker (oder Honig)

Vanillesauce, nach Belieben

Vanilleeis, nach Belieben

2 Marzipan-Kartoffeln oder

Marzipan-Rohmasse, nach Belieben

So wird's gemacht

Entkernen Sie die Äpfel mit einem Kernausstecher und füllen Sie sie mit einigen in Rum eingeweichten Rosinen. Bestreuen Sie die Äpfel mit gehackten Mandeln und Zucker oder Honig und setzen Sie eine Butterflocke oben auf. Alternativ können Sie die zu einer „Wurst" gerollten Marzipanmasse in das Loch drücken. Backen Sie die Äpfel im Dutch Oven mit etwas Wasser – damit nichts anbrennt – und geringer Hitze unten und mittlerer Hitze oben, bis die Schale aufplatzt und die Äpfel weich sind. Da Äpfel in der Größe und Struktur variieren, kann man keine genaue Backzeit angeben, sie liegt aus Erfahrung zwischen 10–30 Minuten. Es ist vorteilhaft, wenn Sie den Dutch Oven mit Alufolie auslegen. Auf den Bratapfel gehört zum Abschluss etwas Vanillesauce oder Vanilleeis.

Spotted Dog (Milchreis)

Eiscreme im Dutch Oven

12" Port. 6-8

Zutaten

1 kg Früchte, nach Wahl, frisch, es geht aber auch TK

250 g Zucker, vorzugsweise Puderzucker

200–250 ml Sahne, je nach Saftgehalt der Früchte

Crushed-Eis, von wenigstens 5 l Wasser, ⅓ des Volumens des Dutch Oven, dazu grobes Salz, es reicht Auftausalz

Das Kochen mit dem Dutch Oven ist für viele hauptsächlich ein Sommervergnügen, was liegt da näher, als diesen auch für eine Erfrischung zu verwenden? Ein einfaches Fruchteis ist schnell gemacht und kann durchaus im Dutch Oven zubereitet werden. Eigentlich braucht kein Mensch Eiscreme aus dem Dutch Oven, aber man kann es machen und daher sollte man es auch tun. Alleine deshalb, um den Gästen zu zeigen, was alles in einem Dutch Oven möglich ist.

So wird's gemacht

Geben Sie die Früchte in eine Schüssel, die tiefgekühlten Früchte gerne noch gefroren, denn das spart Zeit beim Einfrieren. Geben Sie den Zucker und die Sahne hinzu. Pürieren Sie alles, entweder mit einem Mixer oder indem Sie die Früchte durch ein Sieb streichen oder sehr fein schneiden. Sie können auch einen Teil der Früchte zurückhalten und kleingeschnitten nach dem Pürieren dazugeben, um Fruchtstückchen im Eis zu haben.
Jetzt wird der Dutch Oven vorbereitet! Je nach Menge nutzen Sie einen ft6 oder 12" flach oder noch größer. Es ist hilfreich, wenn die Masse nur einen ½ oder 1 cm auf dem Boden ausmacht, dann friert sie schneller durch. Der Dutch Oven wird mit Crushed-Eis gekühlt, das mit ⅓ Auftausalz oder grobem Salz vermischt wird. Sie brauchen dazu einen Dutch Oven und eine Wanne, die so groß ist, dass um den Topf mit dem Speiseeis noch eine Handbreit Platz ist. Geben Sie zunächst eine Handbreit Crushed-Eis aus etwa 5 l Wasser und reichlich (etwa 1 Fingerbreit) grobes Salz in die Wanne. Das Salz verringert den Schmelzpunkt des Eises und schafft so eine Temperatur von -10 bis -12 °C. Setzen Sie den Dutch Oven in die Wanne und füllen Sie den Zwischenraum ebenfalls mit Eis und Salz. Achten Sie darauf, dass das Salz nicht in den Topf gelangen kann. Auf den Deckel des Dutch Oven kommt zunächst nur Crushed-Eis, kein Salz. Geben Sie jetzt die fertige Speiseeismischung in den Dutch Oven. Rühren Sie regelmäßig um, damit die Masse nicht nur gefriert, sondern cremig wird. Durch das Umrühren werden die Eiskristalle, die sich bilden, immer wieder gestört und bleiben kurz und nicht spürbar. Sie können entscheiden, wann es die richtige Konsistenz hat und Sie das Eis ausgeben. Der eine mag es weicher, der andere härter. Um das Eis noch härter zu machen, können Sie auf den Deckel des Dutch Oven zusätzlich Eis und Salz geben. Achten Sie aber darauf, dass kein Schmelzwasser in den Topf schwappt, dieses ist extrem salzig. Besser ist es, wenn auf dem Deckel nur Eis ohne Salz liegt.

Alternativen: Sie können statt der Sahne auch Naturjoghurt oder eine Mischung aus Sahne und Milch (zu gleichen Teilen) verwenden.

Eis aus dem Dutch Oven

Kalte Schnauze

Zutaten

600 g Kokosfett

250 g Puderzucker

100 g Kakaopulver (kein Kakaogetränk! Das echte Pulver, aus gemahlenen Kakaobohnen)

6 Eier

4 cl Rum (54 %)

2 Packungen Butterkekse

Ein herrliches Rezept aus meiner Kindheit und immer noch der Hit bei jedem Kindergeburtstag. Streng genommen wird hier kein Gusseisen benötigt, da hier nicht gebacken wird. Dennoch kommt dieser Kuchen, aus einer gusseisernen Kastenform serviert, immer gut bei Outdoor-Veranstaltungen an.

So wird's gemacht

Legen Sie eine Petromax Kastenform mit Frischhaltefolie aus (es geht auch in einem runden Dutch Oven, aber dann wird es mit den Keksen schwieriger). Schmelzen Sie das Kokosfett in einem Topf und geben Sie die restlichen Zutaten, bis auf die Kekse, dazu. Rühren Sie die Masse glatt und streichen Sie eine dünne Schicht in die Kastenform. Dann legen Sie die Form mit einer Schicht Keksen aus, sodass rundherum ½ cm Platz bis zur Wandung bleibt. Jetzt kommt die nächste Schicht Kakaomasse, wieder Kekse etc., bis die Form gefüllt oder die Masse verbraucht ist. Stellen Sie die Form 2 Stunden in den Kühlschrank. Nach dem Durchkühlen nehmen Sie die kalte Schnauze aus der Form und stürzen diese auf eine Platte. Schneiden Sie die Scheiben nicht zu dünn, sonst halten sie nicht zusammen.

Jacks Eierlikörkuchen

Zutaten

5 Eier

250 g brauner Zucker

1 Tütchen Vanillezucker

1 Tasse Öl

1 Tasse Eierlikör

1 Msp. Curcuma, nach Belieben

500 g Weizenmehl, Typ 405, gesiebt

1 Tütchen Backpulver

Ein angenehmer Kunde, passioniert wie kaum ein zweiter, hat sich mit diesem Rezept für einen 12" tief ein Denkmal gesetzt, das ich hier gerne einmal abbilde:

So wird's gemacht

Schlagen Sie die Eier mit dem Zucker und dem Vanillezucker auf und geben Sie das Öl und den Eierlikör dazu. Falls gewünscht, geben Sie den Curcuma gleich mit in die Masse. Das Ganze etwa 10 Minuten gut durchrühren. Mischen Sie das gesiebte Mehl und das Backpulver kurz unter. Nicht zu lange mischen, sonst wird der Teig nicht so locker. Den Kuchen 1 Stunde im Dutch Oven bei geringer Hitze unten und mittlere Hitze oben backen. Nach 45 Minuten mit einem Holzspan in die Mitte stechen und prüfen, ob der Teig schon durchgebacken ist.
Nehmen Sie auf keinen Fall einen flachen Dutch Oven, der Kuchen geht sehr stark auf, sodass Sie Volumen brauchen.

Kalte Schnauze

BROT

Brötchen

Zutaten

750 g Weizenmehl, Typ 550

2 Tütchen Trockenhefe

450 ml warmes Wasser (oder Milch)

2 EL Öl

1 EL Zucker

1 TL Salz

Selbstgemachte Brötchen aus einem Dutch Oven sind eine tolle Sache. Wenn Sie aber keine Erfahrung mit der Herstellung eines Hefeteigs haben, dann sollten Sie diese Rezepte zunächst in der heimischen Küche üben. Das Backen am offenen Feuer ist schon die Königsdisziplin, wenn dann der Teig nicht optimal ist, wird das Ergebnis enttäuschen.

So wird's gemacht

Vermischen und verkneten Sie die Zutaten für den Grundteig und geben Sie ihn anschließend in einen Dutch Oven. Decken Sie den Topf danach mit einem Handtuch ab und lassen Sie den Teig ½ Stunde an einem zimmerwarmen Ort ruhen, damit er aufgehen kann. Sie können auch 3 Kohlen unten und 6 Kohlen auf den Deckel geben, der Topf sollte sich dann auf etwa 50 °C erhitzen, damit der Hefeteig gehen kann. Alternativ können Sie den Topf im Sommer in die Sonne stellen. Teilen Sie den so vorbereiteten Teig in 10–12 gleiche Kugeln, die einzeln mit etwas Mehl abgestäubt werden, damit sie beim Backen nicht zusammenkleben.

Legen Sie die Teigkugeln zurück in den Dutch Oven und lassen Sie diese nochmals gehen bis sie etwa die doppelte Größe angenommen haben, dann stellen Sie den Dutch Oven auf geringe Hitze und geben mittlere Hitze auf den Deckel. Erfahrungsgemäß reichen 30–40 Minuten Backzeit, wenn die Kohlen bereits gut durchgeglüht sind. Machen Sie die Garprobe mit einem Holzspieß. Es darf kein Teig mehr kleben bleiben, wenn Sie ihn hineinstecken und wieder herausziehen.

Bauernbrot

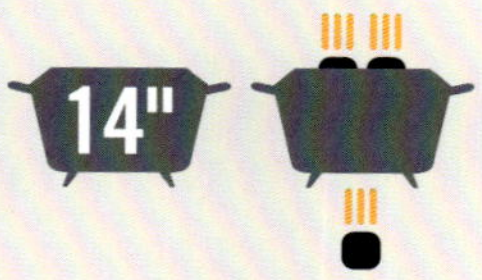

Zutaten

500 g Roggenmehl, Typ 1150

500 g Weizenmehl, Typ 550

2 Tütchen Trockenhefe

2 Tüten Sauerteig (entspricht 1 Tasse)

1 TL Salz

warmes Wasser

Dies ist ein einfaches Bauernbrot mit fertigem Sauerteig aus dem Supermarkt, Sie können aber natürlich auch einen eigenen Sauerteig ansetzen.

So wird's gemacht

Kneten Sie die Zutaten mit einer Küchenmaschine zu einem Teig, bis er die richtige Konsistenz hat; etwas feuchter als „erdfeucht", aber auch nicht so flüssig wie Pfannkuchenteig. Geben Sie den Teig in eine bemehlte Schüssel, decken Sie ihn ab und lassen Sie ihn bei Zimmertemperatur ruhen, bis sich der Teig verdoppelt hat. Dann kneten Sie den Teig noch einmal kurz, um den Laib zu formen. Lassen Sie den Teig noch etwa 1 Stunde gehen, bepinseln Sie ihn mit etwas Wasser und legen Sie ihn dann in einen gut bemehlten Dutch Oven. Hierfür eignet sich ein 14" gut, es geht allerdings auch in einem 12". Es ist sinnvoller, einen flachen Laib in einem größeren Topf zu backen, als ein zu dickes Brot in einem kleinen Topf. Backen Sie das Brot bei geringer Hitze unten und mittlerer Hitze oben. Kontrollieren Sie das Brot nach 15–20 Minuten, nach 30–45 Minuten sollte es fertig sein. Der Boden zieht sich nach oben und es klingt hohl, wenn man auf den Boden klopft. Sie können auch mit einem Bratenthermometer die Kerntemperatur messen, diese sollte bei 95 °C liegen. Nehmen Sie das Brot aus dem Dutch Oven und lassen Sie es auf einem Rost abkühlen.

Bauernbrot

Focaccia

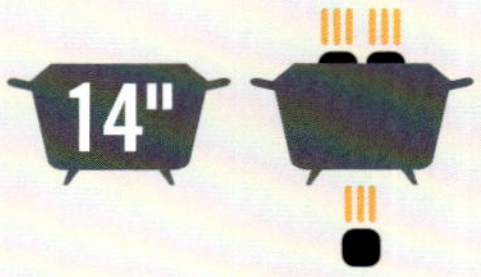

Dieses italienische Fladenbrot ist ein idealer Begleiter zu Grillfleisch und frischem Salat, wenn es draußen so richtig heiß ist und man keine schweren Sachen essen möchte. Der Teig ist ein ganz einfacher Pizzateig und für den Anfänger einfacher zu backen als ein dickes, hohes Brot.

Zutaten

500 g Weizenmehl, Typ 550

1 Tütchen Trockenhefe

1 EL Salz

1 EL Zucker

¼ Tasse Olivenöl

warmes Wasser

etwas Olivenöl zum Bestreichen

Salz, grob

So wird's gemacht

Mischen Sie die trockenen Zutaten gut durch und geben Sie das Öl dazu. Dann wieder vermengen, bis sich das Öl im Teig verteilt hat. Geben Sie nach und nach etwas Wasser hinzu, bis ein geschmeidiger Teig entsteht, der sich von der Schüssel löst. Lassen Sie diesen an einem warmen Ort gehen, bis er sich verdoppelt hat. Kneten Sie ihn anschließend etwas und formen Sie einen Fladen. Drücken Sie mit den Fingern einige Vertiefungen in den Teig. Geben Sie den Fladen in den Dutch Oven und lassen Sie ihn dort ein zweites Mal gehen. Bestreichen Sie die Oberfläche mit Olivenöl und bestreuen Sie sie mit dem groben Salz. Backen Sie die Focaccia bei geringer Hitze unten und mittlerer Hitze oben etwa 30 Minuten.

Abwandlungen

Mit Oliven

Geben Sie in den Teig 1 Tasse gehackte schwarze Oliven und auf den Teig einige ganze Oliven, die Sie leicht in den Teig drücken. Dann mit Olivenöl bepinseln und mit Salz bestreuen.

Mit Salbei

Geben Sie einige grob gehackte Blätter frischen Salbei in den Teig und einige Blätter auf den Teig.

Mit Zwiebeln und Thymian

Mischen Sie in einer Schüssel 1 TL Salz, 1 EL frischen Thymian und die Scheiben von 2 Zwiebeln mit ¼ Tasse Olivenöl. Geben Sie diese Mischung nach dem zweiten Gehen auf den Teig. Die Zwiebelringe müssen wirklich dünn sein, das geht am besten mit einer Mandoline.

Mit Rosmarin und Weintrauben

Belegen Sie den Teig mit einigen Stängeln Rosmarin, Zwiebelringen und Knoblauch. Drücken Sie die Weintrauben in den Teig, sodass die Flüssigkeit, die sich beim Backen bildet, in das Brot sickert und nicht daneben läuft.

Focaccia

Maisbrot

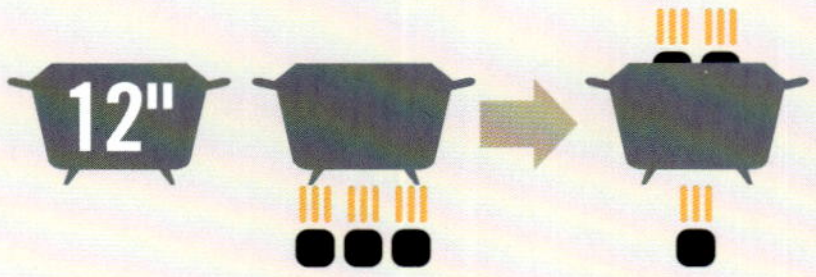

Maisbrot ist in Amerika eine Beilage zum warmen Essen, es wird frisch aus dem Ofen mit Butter und Sirup oder Honig gegessen. Von der Konsistenz her ist es eher ein Rührkuchen. Es gibt auch eine herzhafte Variante mit Jalapeños.

Zutaten

2 Tassen Maismehl (das feine, nicht das für Polenta!)

2 Tassen Weizenmehl, Typ 550

2 Tütchen Backpulver

4 Eier, leicht geschlagen

3 Tassen Milch

2 Tassen Cheddar, gerieben

4 EL Öl

1 TL Salz

2 EL Zucker

Wer mag: Jalapeños, gewürfelt

So wird's gemacht

Mischen Sie das Maismehl, das Weizenmehl und die anderen trockenen Zutaten, inklusive dem Käse, in einer Schüssel. In einer zweiten Schüssel verschlagen Sie die Eier, das Öl und die Milch. Mischen Sie dann die trockenen und flüssigen Zutaten. Sie können in das Maisbrot auch gehackte Jalapeños geben, um dem Ganzen mehr „Wumms" zu verleihen. Der Teig ist so weich wie Pfannkuchen- oder Waffelteig.

Wichtig ist, den Dutch Oven so heiß wie möglich zu machen, damit der Teig sofort eine Kruste bekommt und nicht am Topfboden festklebt. Dazu legen Sie zunächst alle Kohlen unter den Topf. Nach dem Aufheizen und Einfüllen des Teigs reduzieren Sie die Unterhitze und backen das Maisbrot dann in einem Dutch Oven mit geringer Hitze unten und mittlerer Hitze oben. Nach 30 Minuten sollten Sie prüfen, ob das Brot schon fest geworden ist.

Hamburger-Buns

Für Pulled Pork oder Hamburger sind weiche Brötchen ein Muss. Bei den fertigen Brötchen bin ich immer skeptisch, weil sich diese ein halbes Jahr ohne Kühlung halten. Dabei ist das Selbermachen so einfach.

Sie müssen je nach Größe des Dutch Oven die Brötchen in mehreren Schritten backen. Diese Buns lassen sich perfekt auf der Schnittstelle rösten und weichen nicht so schnell durch, wenn das Patty richtig saftig ist.

Zutaten

500 g Weizenmehl, Typ 550

200 ml Wasser

50 ml Milch

1 Ei

100 g Butter

1 Tütchen Trockenhefe (oder frische Hefe)

1 EL Zucker

1 TL Salz

Öl, zum Einfetten

Zum Bestreichen

1 Ei

Sesam

So wird's gemacht

Geben Sie die trockenen Zutaten in eine Schüssel und wärmen Sie die Milch und das Wasser zusammen mit der in kleine Stücke geschnittenen Butter an, bis die Butter geschmolzen ist. Durch die Temperatur der Wasser-Milch-Buttermischung bringen Sie die notwendige Wärme in den Teig. Dann geben Sie die Flüssigkeit und das Ei zu den trockenen Zutaten und kneten alles zu einem geschmeidigen Teig, der sich von der Schüsselwand löst. Gegebenenfalls müssen Sie die Konsistenz des Teiges durch etwas Milch oder Mehl einstellen. Lassen Sie den Teig an einem warmen Ort etwa 1 Stunde gehen, bis er sich verdoppelt hat. Dann kneten Sie ihn ganz kurz durch und formen 10–12 gleichgroße Kugeln. Rollen Sie diese auf der Arbeitsplatte, um Spannung in den Teig zu bekommen. Vor dem Ausbacken bepinseln Sie die Oberfläche der Teigkugeln mit dem verquirlten Ei und bestreuen sie mit Sesam. Legen Sie 5–6 Teiglinge (mit etwas Abstand) in einen eingefetteten 14" Dutch Oven (Sie beladen den Dutch Oven zweimal) und drücken Sie diese platt. Dadurch gehen sie noch ein zweites Mal auf.

Nach 15–20 Minuten mit mittlerer Hitze von oben und unten sollten die Brötchen fertig gebacken sein und können auf einem Gitter auskühlen.

Maisbrot

RAUS IN DIE NATUR

Kochen über offenem Feuer
176 Seiten, zahlreiche Farbfotos,
183 x 225 mm, Paperback
€ (D) 16,99
ISBN 9783868523614

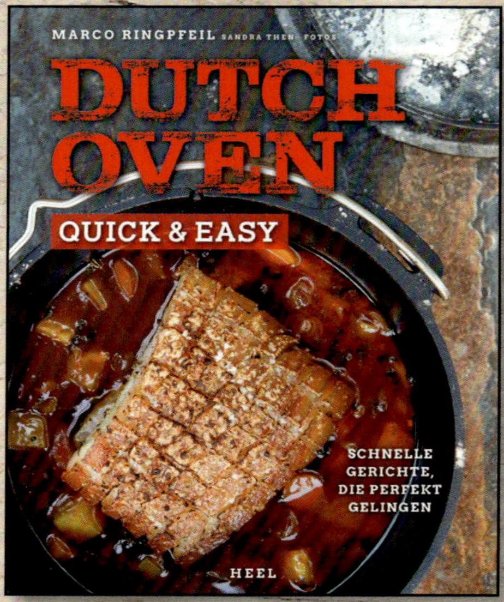

Quick & Easy
ca. 160 Seiten, 210 x 260 mm,
zahlreiche Farbfotos, gebunden
€ (D) 19,99
ISBN 9783958436350

Das Kleine Dutch Oven Buch
ca. 80 Seiten, 183 x 225 mm,
zahlreiche Farbfotos, Broschur
€ (D) 9,99
ISBN 9783958438675

Die besten Rezepte
288 Seiten, 213 x 243 mm,
zahlr. Farbfotos, Flexicover
€ (D) 29,95
ISBN 9783958435773

Basics, Technik, Rezepte
160 Seiten, 210 x 260 mm,
zahlreiche Farbfotos, Hardcover
€ (D) 19,99
ISBN 9783958438743

Das Petromax Outdoor-Kochbuch
144 Seiten, zahlreiche Farbfotos,
Paperback, 203 x 254 mm
€ (D) 19,99
ISBN 9783958432277

Das Petromax Outdoor-Backbuch
ca. 144 Seiten, 203 x 254 mm,
zahlreiche Farbfotos, Flexicover
€ (D) 19,99
ISBN 9783958436268

100 leckere Rezepte für Unterwegs
196 Seiten, zahlreiche Farbfotos,
140 x 210 mm, Paperback
€ (D) 19,99
ISBN 9783958430488

Bauanleitung, Funktion, Rezepte
176 Seiten, zahlreiche Farbfotos,
Paperback, 203 x 254mm
€ (D) 24,99
ISBN 9783958434837

Argentinisch grillen und kochen
296 Seiten, zahlreiche Farbfotos,
223 x 260 mm, gebunden
€ (D) 29,95
ISBN 9783868529074

Die besten Rezepte zum Braten, Grillen, Backen
ca. 192 Seiten, 180 x 230 mm,
zahlreiche Farbfotos, Hardcover
€ (D) 19,99
ISBN 9783958438095

Danksagung

So ein Buch kann nie alleine zusammengestellt werden, das ist ein Mannschaftssport. So danke ich:

Franz-Christoph Heel als Verleger, der das finanzielle Risiko trägt und das Erscheinen dieses Buches möglich gemacht hat. Aber nicht nur das, die ständigen Ermunterungen und Ideen für neue Projekte haben mich in eine Richtung gelenkt, in der ich mich wohl fühle und die „zum gegenseitigen Nutz und Frommen" ist. Ich freue mich auf noch viele weitere Projekte, aus dem ersten Dutch-Oven-Kochbuch sind inzwischen elf Bücher geworden.

Helge Wittkopp, Lektor im Verlag, der dieses Projekt betreut und zum Abschluss gebracht hat. Wie würde man bei Ebay schreiben: Klasse Abwicklung, hochprofessionell, gerne wieder!

Philipp Hympendahl, der als Fotograf die Gerichte ins rechte Licht gesetzt und „auf Zelluloid gebannt" hat. Und für den es als Vegetarier eine echte Herausforderung war, die er professionell gemeistert hat. Es ist nicht das erste Buch, das wir zusammen gemacht haben, und ich hoffe, es war auch nicht das letzte.

Michael Neumann, der mir bei den Kochkursen hilft und einspringt, wenn Not am Mann ist. Hätte er mir nicht den Rücken freigehalten, wäre das Projekt deutlich anstrengender geworden. Er sieht die Arbeit und erledigt sie, etwas, was man heute nicht oft findet.

Weiter die Helfer im Hintergrund, ohne die ein solches Unternehmen nicht zu führen ist, namentlich Torben Sundermeyer, Steffi Pelz, Susanne Holz, Kevin Seifert, der Rest meiner Familie und die Verwandten und Freunde, die mich auf meinem Weg begleiten und unterstützen.

Den Schlachtern in der Fleischabteilung des Selgros-Marktes in Braunschweig, die mich am Telefon schon an der Stimme erkennen und mitdenken, damit ich immer mit den passenden Stücken arbeiten kann und die immer ein fröhliches Wort und einen Tipp parat haben.

Der Deutschen See Braunschweig, die mich mit Fisch und Meeresfrüchten beliefern. Auch wenn ich nur relativ wenig abnehme, ist die Qualität und der Service einfach Spitze.

Und last but not least meiner lieben Frau Katharina Bothe, die mich in meiner Arbeit immer unterstützt hat und mir die Freiheit lässt, dieser auch in der mir eigenen exzessiven Art nachzugehen. Das ist beileibe nicht normal, und dafür bin ich sehr dankbar. Ohne Sie wäre ich nicht dort, wo ich jetzt bin.